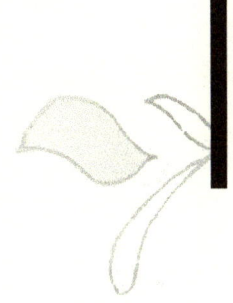

Colección
**Educación Física
y deporte en la escuela**

Edición: Primera. Agosto de 2018

ISBN: 978-84-17133-33-7

Diseño: Gerardo Miño
Composición: Eduardo Rosende

© 2018, Miño y Dávila srl / Miño y Dávila editores sl

Prohibida su reproducción total o parcial, incluyendo fotocopia, sin la autorización expresa de los editores.
Cualquier forma de reproducción, distribución, comunicación pública o transformación de esta obra solo puede ser realizada con la autorización de sus titulares, salvo excepción prevista por la ley. Diríjase a CEDRO (Centro Español de Derechos Reprográficos, www.cedro.org) si necesita fotocopiar o escanear algún fragmento de esta obra.

dirección postal: Tacuarí 540 (C1071AAL)
Ciudad de Buenos Aires, Argentina
tel-fax: (54 11) 4331-1565
e-mail producción: produccion@minoydavila.com
e-mail administración: info@minoydavila.com
web: www.minoydavila.com
redes sociales: @MyDeditores, www.facebook.com/MinoyDavila

Débora Di Domizio (comp.)

Prólogo de José Alberto Yuni

La Educación Física con adultos mayores

Experiencias en Latinoamérica

Argentina, Brasil, Chile, Colombia, Costa Rica, México, Panamá, Perú, Uruguay, Venezuela

Carlos M. Arango Paternina
Grisell de Jesús Bolívar Montoya
Marcela Paz Cañete Delgado
Oswaldo Ceballos Gurrola
Josivaldo de Souza Lima
Débora Paola Di Domizio
María Cristina Enríquez Reyna
Maritza Esther González Samaniego
Oscar Gutiérrez Huamaní
Perla Lizeth Hernández Cortés
Rosa López de D'Amico
Raúl Lorda Paz

Maribel Matamoros Sánchez
Rosa Elena Medina Rodríguez
Nazaré Marques Mota
Rita Maria dos Santos Puga Barbosa
Emilio Octavio Pérez Techachal
Rita de Cássia da Silva Oliveira
Santiago Peironi
Jhon F. Ramírez-Villada
Paola Andressa Scortegagna
Paula Fernanda Vaz Vieira
Rodrigo Alejandro Yáñez-Sepúlveda

Índice

Prólogo, *por José Alberto Yuni* 9

Introducción 15

1. La Educación Física con adultos mayores en Venezuela
   por Grisell de Jesús Bolívar Montoya y Rosa López de D'Amico 21

2. Breve historia de la Educación Física con adultos mayores en Uruguay
   por Raúl Lorda Paz 37

3. Entre duas e meia a 3 décadas de ativismo em Educação Fisica Gerontológica no Amazonas
   por Rita Maria dos Santos Puga Barbosa y Nazaré Marques Mota 47

4. La Educación Física en los programas universitarios para adultos mayores en Brasil
   por Paola Andressa Scortegagna, Rita de Cássia da Silva Oliveira y Paula Fernanda Vaz Vieira 61

5. Educación Física en adultos mayores en Chile: perspectiva histórica y desafíos futuros
   por Rodrigo Alejandro Yáñez-Sepúlveda, Josivaldo de Souza Lima y Marcela Paz Cañete Delgado 75

6. La Educación Física especializada: una visión para la salud integral del adulto mayor
   por Oscar Gutiérrez Huamaní 87

7. Desafío de la Educación Física con adultos mayores
   por Emilio Octavio Pérez Techachal y Maritza Esther González Samaniego 101

8. Educación Física y adulto mayor: el caso de Colombia
   por Jhon F. Ramírez-Villada y Carlos M. Arango Paternina 115

9. Protocolos de Educación Física para adultos mayores evaluados en México
por Oswaldo Ceballos Gurrola, María Cristina Enríquez Reyna, Rosa Elena Medina Rodríguez y Perla Lizeth Hernández Cortés 127

10. De Educación Física a Movimiento Humano, una perspectiva real para el adulto mayor de Costa Rica
por Maribel Matamoros Sánchez 141

11. Educación Física y adultos mayores: indicios preliminares para delimitar un campo
por Santiago Peironi y Débora Paola Di Domizio 153

Prólogo

La educación de las personas mayores se ha convertido en un fenómeno dinámico y múltiple que lleva poco más de tres décadas desarrollándose en Latinoamérica. Desde sus momentos iniciales contó con los aportes de la Educación Física como disciplina y campo de práctica profesional para la construcción de intervenciones educativas y formativas orientadas a los adultos mayores. Como especialista del campo gerontagógico me permito utilizar de modo genérico la denominación Educación Física, aunque los autores de los diferentes capítulos adopten otras nominaciones para designar su propia práctica profesional/campo disciplinar o para dar cuenta de su particular enfoque de trabajo con los adultos mayores.

Este libro representa un interesante aporte en tanto nos permite avizorar los itinerarios que en diferentes países latinoamericanos ha seguido el proceso de institucionalización de la educación de las personas mayores y nos ofrece un estado de situación acerca de la relación entre Educación Física, Gerontagogía y Gerontología Educativa. Se trata de un libro que ayuda a la reconstrucción de una memoria colectiva acerca del proceso de institucionalización de un campo disciplinar/profesional particular (la Educación Física con adultos mayores), que los gerontólogos sociales podemos apreciar en una perspectiva temporal, conceptual y, a la vez, contextual. Pero además este libro ayuda a trazar una cartografía para aquellos profesionales relacionados con la Educación Física que podrán encontrar en los diferentes capítulos fundamentos, modos de abordaje, estrategias, enfoques de intervención y múltiples interrogantes y desafíos que aún quedan por resolver.

El texto en su conjunto ofrece diferentes claves de lectura, lo que desde mi perspectiva le agrega un plus de significación y valor a la obra. Si bien cada uno de los capítulos aborda -desde la singular perspectiva de sus autores- la descripción de los desarrollos que en diferentes países de Latinoamérica ha tenido la Educación Física con adultos mayores, la lectura de la obra colectiva permite señalar algunos puntos comunes o referencias para seguir pensándolos.

Un denominador común que emerge de los diferentes capítulos es que el desarrollo desigual que se registra en la atención a las personas mayores, tiene su correlato en las diferencias de cada país en el proceso de envejecimiento de su población. En los países que actualmente tienen altos valores de envejecimiento poblacional, el proceso de envejecimiento fue percibido y abordado desde las políticas públicas a partir de la década de los setenta del siglo pasado.

Esas cuatro décadas de reconocimiento e institucionalización de políticas de atención pública a las personas añosas, delineó un recorrido signado por la variedad, la diversidad y la multiplicidad de servicios sociales, sanitarios y educacionales para este grupo etario. En ese recorrido, la Educación Física fue institucionalizándose, expandiéndose y diversificándose en sus propuestas y delineándose como un campo disciplinar con cierta especificidad, lo que se tradujo en su inclusión en procesos formales de formación profesional. Por el contrario, los capítulos referidos a países en los que el proceso de envejecimiento ha comenzado dos décadas más tarde, las políticas gerontológicas están aún en proceso de diseño e implementación.

No obstante, cualquiera sea el grado de desarrollo alcanzado por las políticas gerontológicas en cada país, puede observarse que en todos los casos, la Educación Física aparece como uno de los componentes centrales de dichas políticas. Este protagonismo en tanto práctica especializada de atención a los adultos mayores, ubica a la Educación Física en una posición de interacción y diálogo profesional con el campo de la salud, de la seguridad social y de la educación no formal. Esta relación diferencial con esos tres ámbitos de las políticas públicas contribuye a la producción de diferentes discursos disciplinares y enfoques de intervención de la Educación Física con personas mayores.

De modo complementario, puede observarse cómo la institucionalización de la Educación Física en el campo gerontológico se ha incrementado y redefinido en la última década a partir de la influencia de una nueva perspectiva teórica y una nueva normatividad internacional que asegura la protección de los Derechos de las Personas Mayores. Nos referimos a la incorporación de la noción de Envejecimiento Activo, como eje estructurante de las políticas públicas gerontológicas y a la Convención Interamericana sobre Protección de los Derechos Humanos de las Personas Mayores, suscrita por los países que están representados en este texto.

Cada una de estas perspectivas que sustentan las políticas gerontológicas otorgan un lugar de relevancia a los aportes de la Educación Física, reconfigurando así su propia justificación y aporte profesional en sociedades cada vez más envejecidas. En el caso de la noción de Envejecimiento Activo, el ejercicio físico es considerado uno de los factores protectores para obtenerlo tanto por sus beneficios sobre la salud individual como por su contribución a la integración social. En el caso de la Convención Interamericana, es posible encontrar en su articulado menciones directas a la garantía estatal de acciones deportivas, recreacionales o de prevención, promoción y mantenimiento de la salud y las capacidades funcionales de los ancianos. En varios capítulos de este libro, puede advertirse la marca discursiva de ambas perspectivas en los modos de fundamentar y sostener la Educación Física con adultos mayores.

En los diferentes capítulos podremos advertir la variedad de fundamentos, estrategias y enfoques de intervención que provee la Educación Física como campo disciplinar. Los diferentes trabajos dan cuenta de la diversidad de sentidos que adquiere la Educación Física en relación a las personas mayores. Así, es posible pensar la Educación Física con adultos mayores como un campo disciplinar/profesional que adopta finalidades preventivas, educativas, recreativas, formativas, deportivas y de rendimiento físico.

Esta multiplicidad de abordajes da cuenta de diferentes posicionamientos de la disciplina frente a los modos de caracterizar y abordar profesionalmente a los adultos mayores. Los capítulos que ofrecen una perspectiva historizante revelan el pasaje desde un enfoque recreativo (orientado a la Tercera Edad) a un enfoque denominado Envejecimiento Físicamente Activo, caracterizado por la diversidad y heterogeneidad de intervenciones corporales y físicas orientadas a "diferentes vejeces".

En los nombres de programas y proyectos de intervención se evidencian ciertos desplazamientos en los imaginarios sobre la Educación Física y el envejecimiento. En ellos es posible advertir una idea de la Educación Física como facilitador de un envejecimiento positivo. Por ejemplo, un programa se denomina "Nuevo comienzo: otro motivo para vivir", mientras que otro se titula "Adulto mayor feliz participa siempre". La Educación Física aparece en este imaginario como portadora y facilitadora de motivaciones vitales y de bienestar emocional. En el otro polo de ese imaginario, nos encontramos con minuciosas descripciones y hallazgos de estudios científicos que informan acerca de los beneficios que la actividad corporal y motriz en sus diferentes expresiones, aporta al mantenimiento de la capacidad funcional y cognitiva, psicológica y social, de las personas mayores. Mientras que el primer imaginario sirve para legitimar el valor de saludabilidad e inclusividad social de la Educación Física, el segundo permite justificar y fundamentar con bases científicas el valor que ésta posee para la promoción de un envejecimiento activo.

Los autores -posicionados en una vista profesional de la Educación Física desde la cual despliegan una mirada sobre el campo gerontológico- ofrecen una cartografía dinámica y variada acerca de las características que la práctica de la Educación Física especializada con adultos mayores adopta en diferentes planes y proyectos, gestados desde las políticas públicas (nacionales o locales) o desde instituciones educativas o de la seguridad social. En tal sentido, esta diversidad pone en evidencia la riqueza de recursos de intervención del campo de la Educación Física y su potencial para la atención de la multiplicidad y heterogeneidad de necesidades que tienen las personas mayores.

En el texto pueden encontrarse referencias a diferentes aportes de la Educación Física en la experiencia de envejecer. Además de su contribución a la salud física y mental, los capítulos refieren mejoras en la integración e inclusión social de los adultos mayores; la creación de espacios sociales saludables; la contribución a la calidad de vida y la promoción de una cultura física a lo largo de la vida. A eso debe agregarse el aporte a la reducción de estereotipos negativos y prejuicios acerca de las posibilidades físicas de los adultos mayores. Esta mirada positiva y comprometida con el envejecimiento activo ha permitido la configuración de nuevas prácticas deportivas (recreacionales y competitivas) para adultos mayores y la construcción de un imaginario de autocuidados en la vejez en el que la práctica corporal es un factor fundamental.

La perspectiva de la Educación Gerontológica sugiere que debe atenderse tanto a la *educación en la vejez*, la *educación para la vejez* y la *formación de los profesionales* que atiendan a las personas envejecidas. En tal sentido, los aportes de este libro para pensar la Educación Física en la vejez constituyen un recurso necesario para los profesionales del campo. Llama la atención en varios capítulos las referencias a la utilización de diferentes recursos especializados propios de las ciencias del movimiento humano, como medios pedagógicos para el despliegue de una cultura del cuidado y el disfrute de la actividad corporal y motriz. Esta opción está en consonancia con los principios de la Convención Interamericana cuando indica que deben utilizarse diferentes tipos de saberes y conocimientos (científicos, populares, técnicos) para la promoción y mantenimiento de la salud. Así, se informa de la implementación de prácticas gimnásticas, bailes tradicionales, yoga y prácticas orientales, ejercicios aeróbicos, ritmos populares, etc. Desde el punto de vista educativo, esta variedad es un índice del esfuerzo de los profesores de Educación Física por ofrecer adaptaciones instruccionales y resignificar prácticas físicas con un sentido formativo y del desarrollo de una cultura física en las edades avanzadas.

En lo que respecta a la *formación profesional*, diferentes capítulos ponen de resalto la institucionalización en la formación profesional de grado y posgrado de campos especializados de la Educación Física con adultos mayores. Así, en varios países los planes de estudio para la formación de profesores y licenciados en Educación Física incorporan asignaturas específicas sobre los adultos mayores. En otros casos, la propia incardinación de los autores en carreras de Maestrías, Doctorados y Laboratorios de Investigación focalizados en las prácticas corporales de las personas mayores, muestra a este campo profesional como uno de los más dinámicos a nivel latinoamericano en la formación de sus profesionales.

El libro también deja abiertas varias cuestiones que constituyen desafíos para el desarrollo de la Educación Física para adultos mayores en nuestras sociedades latinoamericanas. Por una parte, varios capítulos señalan que una de las dificultades surgidas de las propias condiciones de precariedad vital de los envejecientes, es que las políticas públicas muchas veces constituyen declaraciones de intenciones antes que programas de acción.

En lo que respecta a las políticas públicas gerontológicas que incluyen como uno de sus componentes a la actividad corporal y motriz remarca que aún se requiere mejorar la cobertura de las acciones, mejorar la accesibilidad de los adultos mayores a los recursos sociales e institucionales y mejorar la adherencia a las prácticas corporales. Por otra parte, se plantea que las prácticas físicas en la vejez se dificultan por las limitaciones socio-culturales que a lo largo de su vida, muchos adultos mayores han tenido para desarrollar una cultura física. Por lo tanto, se requiere una operación cultural más amplia en que se valorice la cultura física como uno de los pilares del autocuidado, la autonomía y la inclusión social.

En definitiva, este libro es un hecho relevante para la Gerontología Educativa y marca un hito en el derrotero de la Educación Física con adultos mayores. A los autores les cabe el agradecimiento por su generosidad, creatividad y compromiso disciplinar puesto a disposición del bienestar de las personas mayores. A la coordinadora del libro debemos ofrecerle nuestras felicitaciones por dar la posibilidad de este encuentro de saberes en clave latinoamericana. Este texto es un estímulo para que profesionales de otras disciplinas podamos continuar pensando desde nuestros contextos el modo en que contribuimos al conocimiento gerontológico y la construcción de otros mundos posibles para nuestros viejos de hoy y de mañana. A los lectores, los invitamos a explorar este libro sin prejuicios y con voluntad de aprender ya que sus páginas ofrecen no solo respuestas, sino abren nuevas preguntas y movilizan nuestra curiosidad y creatividad al servicio de nuestros mayores.

Dr. José Alberto Yuni
Córdoba (Argentina), julio de 2018

Introducción

Débora Paola Di Domizio

El proyecto de esta compilación surgió como posibilidad hace un par de años atrás. Si bien su concreción por aquel entonces quedó trunca, hoy aparece la posibilidad real de edición. El objetivo del trabajo era –a partir de la descripción de diversas experiencias en países latinoamericanos– conocer cómo se experimenta la Educación Física con adultos mayores, es decir, poder dar cuenta del panorama actual de la temática dentro de la región. La idea de compilar textos referidos a la disciplina/ área o asignatura Educación Física –con especial referencia al grupo poblacional de los adultos mayores– se fue concretando. La decisión implicaba invitar a profesores en Educación Física que pudieran dar cuenta de este objeto de estudio que, a mi entender, todavía está en construcción dentro del territorio latinoamericano.

La Educación Física viene conformándose como un campo de prácticas corporales, donde se le otorgan nuevos sentidos y significados a una porción específica de la "cultura de lo corporal" que será transmitida-enseñada a través de configuraciones de movimiento legitimadas cultural y socialmente. En este caso, los juegos, los deportes, las gimnasias, la vida en la naturaleza y la natación, son algunos ejemplos de prácticas corporales que constituyen el campo de la Educación Física. En esa línea de ideas, para elaborar los textos fue importante situar las prácticas donde la Educación Física tiene presencia, así como mantener concordancia terminológica al designar al sujeto de las prácticas en cuestión. En esa línea, hablaremos de "adultos mayores" tal como lo señala la ONU (1982) y no de "abuelo", "gerontes" o "tercera edad".

La convocatoria se extendió a autores de países latinoamericanos, ya que se comparten ciertas características históricas, políticas, sociales y culturales, aunque existen también diferencias que muestran una rica diversidad. Forman parte de esta obra colectiva textos de Colombia, Brasil, México, Perú, Uruguay, Costa Rica, Panamá, Venezuela, Chile y Argentina.

Los textos

A continuación, repasaremos brevemente el tratamiento que cada uno de los autores ha otorgado a sus colaboraciones.

En primer lugar, en el trabajo que titulan "La Educación Física con adultos mayores en Venezuela", las autoras D'Amico y Bolívar Montoya explicitan la posición del gobierno de Hugo Chávez como favorecedor de políticas públicas y sociales destinadas a la tercera edad, vigentes desde el año 1999, y que han sido continuadas por su sucesor, Nicolás Maduro. Estas políticas son llamadas Grandes Misiones y Micromisiones. En forma pormenorizada, Rosa y Grisel presentan la realidad venezolana, incluyendo en su descripción las acciones gubernamentales en materia de programas deportivos, educativos y recreativos para las personas mayores. En relación con la Educación Física, esta es inscripta y analizada bajo la lógica de la educación de adultos. Esto representa un enfoque innovador en la temática, ya que se considera la disciplina como obligatoria dentro del subsistema de educación básica hasta el sistema universitario, mediante un proceso de transformación curricular llevado adelante por el ministerio de educación venezolano. Para finalizar, las autoras también describen en el texto el caso de la Universidad de los Adultos Mayores y de la Asociación Civil UNI-3.

Por su parte, en "Breve historia de la Educación Física con adultos mayores en Uruguay", Raúl Lorda reseña el surgimiento de este campo de prácticas en el país vecino. Pionero en la materia, relata cómo se ha ido perfilando la Educación Física en el siglo XX, mientras que dentro de ese entramado empezaron a visibilizarse los adultos mayores. Así se gestaron las primeras propuestas ofrecidas para este público: gimnasia y recreación. A su vez, en 1992 se creó la primera cátedra de Teoría y Práctica de la Didáctica Especial para Adultos y Tercera Edad, como parte del currículum en la formación del profesor de Educación Física, en el marco del por aquel entonces Instituto Superior de Educación Física "Prof. Alberto Langlade". Por otro lado, a través del departamento de extensión del instituto, en 1997 se creó el Proyecto LAVICO 50 (La vida comienza a los 50). Raúl ha podido recapitular en su trabajo la historia viva de un campo con mucho potencial, y supo aprovechar la oportunidad que se presentaba a la disciplina para construir los cimientos que contemplaron un nuevo acercamiento a la vejez.

Para el caso brasilero presentamos dos propuestas. La primera, titulada "Entre duas e meia a 3 décadas de ativismo em Educação Física Gerontológica no Amazonas", de Rita Puga y Nazare Mota, donde explicitan las acciones que desde 1993 viene llevando adelante la Facultad de Educación Física de la Universidad Federal del Amazonas en materia de la construcción continua de una Educación Física Gerontológica. Surge el programa *Idoso Feliz Participa Siempre*, en el que disciplinas como caminata, geronto-deportes, hidromotricidad, musculación, geronto-coreografía, entre otros, forman parte de la valiosa oferta que se brinda a los adultos mayores del Amazonas, propuestas inscriptas en la pro-Rectoría de Extensión de dicha facultad. En este capítulo las autoras describen los logros del programa que vienen llevando a cabo. La segunda propuesta, "Educação Física nos Programas Universitários para idosos no Brasil", corresponde a Scortegagna, da Silva Oliveira y Vaz Vieira. Aquí las colegas fundamentan su discurso en las políticas de envejecimiento activo, y describen las orientaciones de la disciplina Educación Física al interior del programa de extensión universitaria que ellas mismas conducen desde 1992, llamado Universidade Aberta para Terceira Idade, en la Universidad Estadual de Ponta Grossa. La exposición que realizan de su escrito se sostiene en las entrevistas realizadas a los adultos mayores participantes. Las consideraciones finales afirman que en las universidades abiertas para la tercera edad de Brasil se amplían las posibilidades para que los adultos mayores descubran nuevos modos de participar de las prácticas corporales, en pos de lograr una mejoría en su calidad de vida.

Por su parte, en "La Educación Física en adultos mayores en Chile: perspectiva histórica y desafíos futuros", Yañez Sepúlveda, Souza Lima y Cañete Delgado dan cuenta de cómo se fue construyendo en perspectiva histórica la disciplina en Chile. A su vez, presentan un exhaustivo recorrido a través de datos censales, normativas, políticas, planes y programas públicos, que tienen como destinatarios a los adultos mayores chilenos. Relevan una gran cantidad de estudios e investigaciones que indagan acerca de los beneficios del ejercicio físico para estos sujetos, teniendo en cuenta una práctica regular y sistemática. En otro orden, describen los programas de Educación Física para adultos mayores dentro de su país, indagan al interior de la formación docente en temas vinculados a la vejez y el envejecimiento, presentan y detallan los programas que favorecen un envejecimiento activo, donde se manifiestan las prácticas de la Educación Física. Los autores concluyen que, si bien hay avances en la materia en cuestión, aún resta mucho por hacer.

Desde Perú, con el trabajo "La Educación Física especializada: una visión para la salud integral del adulto mayor", Oscar Gutiérrez Huamaní presenta una filosofía de la Educación Física con adultos mayores e informa sobre la normativa especializada en el tema, dentro del territorio peruano. Recorre un largo camino epistémico que lo lleva a proponer una Educación Física Gerontogógica. Esta es la categoría teórica sobre la cual construye su tesis de maestría, siendo una de las primeras obras que versan sobre la temática al interior de la disciplina en dicho país. También relata la experiencia de la Escuela Profesional de Educación

Física, perteneciente a la Universidad Nacional de San Cristóbal de Huamanga-Perú, en relación con la formación de profesionales de la carrera de Educación Física en temas relativos a la vejez, el envejecimiento y los adultos mayores.

Por otro lado, en el texto que titulan "Desafío de la Educación Física con adultos mayores", Emilio Techachal, Maritza González y Eidrian Pérez, recorren encuestas y estadísticas, cifras y estudios que exponen datos sobre la situación de los adultos mayores en Panamá. Hacen un repaso por normativas y políticas públicas de envejecimiento, sobre los organismos con intervención institucional en materia de adultos mayores. Teorizan y argumentan sobre la situación actual de la Educación Física en el país caribeño, dando cuenta de la formación de profesionales y de la concepción escolarizada de la asignatura, entre otros aspectos. En el cierre de su apartado recapitulan lo narrado, sugiriendo recomendaciones para el diseño de propuestas en el área de la Educación Física con adultos mayores.

En el trabajo colombiano, "Educación Física y adulto mayor: el caso de Colombia", los autores Villada y Paternina trabajan con ejemplos de políticas públicas de recreación y deporte para personas mayores, así como también con el documento denominado Política Colombiana de Envejecimiento Humano y Vejez. En otro orden, presentan algunos modelos destacados de estudios e investigaciones realizadas con adultos mayores desde la mirada de la Educación Física. Las conclusiones de los escritores enriquecen aún más la propuesta, ya que completan el escrito con su postura con relación a la temática.

La propuesta presentada en "Protocolos de Educación Física para adultos mayores evaluados en México", de Gurrola, Reyna, Rodríguez y Cortez, expone el panorama de la investigación acerca de los programas de Educación Física en adultos mayores mexicanos. Además, resumen los hallazgos alcanzados entre 2012 y 2017 tras la evaluación de programas de Educación Física, realizada por los estudiantes de la Maestría en Actividad Física y Deporte con orientación en adultos mayores, perteneciente a la Facultad de Organización Deportiva de la Universidad Autónoma de Nuevo León (México). El trabajo de análisis que efectúan en las conclusiones es donde presentan las reflexiones sobre la planificación de los programas de Educación Física con personas mayores.

Por otra parte, en su trabajo titulado "De Educación Física a Movimiento Humano, una perspectiva real para el adulto mayor de Costa Rica", Maribel Matamoros enfatiza en el análisis y descripción de las prácticas corporales del Programa Institucional para la Persona Adulta y Adulta Mayor. Bajo la nominación "Módulo de Movimiento Humano" se resumen las principales propuestas en formato de cursos y talleres destinados a los adultos mayores costarricenses que asisten al programa. Maribel explica la vinculación existente entre el Programa Institucional para la Persona Adulta y Adulta Mayor y los facilitadores o estudiantes avanzados de la carrera de Ciencias del Movimiento Humano de la Escuela de Educación Física y Deportes, perteneciente a la Universidad de Costa Rica. En las conclusiones pone de relieve que esta universidad ha sido pionera en la atención al adulto mayor y que ha servido de ejemplo para que otras instituciones formalicen iniciativas similares.

Para finalizar, y en cuanto al caso argentino en "Educación Física y adultos mayores: indicios preliminares para delimitar un campo", junto a Santiago Peironi, avanzamos en la escritura correspondiente al capítulo por nuestro país. Allí intentamos presentar algunos datos que caracterizan a los adultos mayores en Argentina, tomando como insumo la Encuesta Nacional sobre Calidad de Vida de Adultos Mayores 2012. Presentamos un estado del arte no exhaustivo, donde damos cuenta de una parte de la producción académica desde el año 2000 en este campo de estudios. Para esa selección consideramos aquellos autores que entienden la Educación Física desde una perspectiva crítica, más ligada a las ciencias sociales que a las ciencias naturales. Es en esta línea que decidimos desarrollar un caso particular de análisis, el de la Educación Física con adultos mayores en los hogares de día de la Municipalidad de Córdoba. El examen de este caso se fundamenta a la luz de los principales argumentos de aquellos autores que previamente presentamos en el estado del arte y, por otro lado, se basa en entrevistas realizadas a docentes que participan desde las prácticas de la disciplina en dicha institución.

En estas experiencias se hace evidente que la Educación Física tiene presencia en políticas públicas y sociales, en programas y proyectos deportivos y recreativos, en instituciones de los ministerios de desarrollo social y educación, en las currículas para la educación de jóvenes y adultos, en programas universitarios y/o universidades para la tercera edad, en instituciones asilares, en casas de cuidado y hogares de día, así como en cátedras y laboratorios de las instituciones formadoras de profesores para la carrera Educación Física.

Esperamos que los lectores puedan conocer mediante los textos de esta compilación, las diversas modalidades en que la Educación Física con adultos mayores se lleva a cabo en los países latinoamericanos que han acompañado esta producción.

— 1 —
La Educación Física con adultos mayores en Venezuela

**Grisell de Jesús Bolívar Montoya
y Rosa López de D'Amico**
(VENEZUELA)

Introducción

La República Bolivariana de Venezuela cuenta con una población proyectada al 2018, con base al Censo 2011, de 31.028.637 habitantes; según el Instituto Nacional de Estadística (2018), se estima que para 2020 hay una proyección de 32.605.423 habitantes, donde se prevé para 2018 una población de adultos mayores –en edades comprendidas entre 55 y 95 años y más– de 4.867.647. Tomando en cuenta el aumento demográfico y las expectativas de vida al nacer, a nivel mundial, es necesario considerar que el número de adultos mayores en Venezuela será cada vez mayor; razón por la cual Gutiérrez (2003), señaló que Venezuela en veinte años se convertirá en un país en vías de envejecimiento, y por tal motivo, el Estado está en la obligación de crear políticas dirigidas a satisfacer las necesidades y filiaciones de logro de tan importante sector de la sociedad.

Ante esta situación, el presidente Hugo Rafael Chávez Frías –1999– diseñó en favor de esa población un conjunto de políticas públicas y sociales donde se creó Sistema Nacional de Misiones, que se vienen desarrollando desde el año 2003. Este sistema se sigue desarrollando con el actual presidente Nicolás Maduro Moros –2013– con el nombre de Grandes Misiones y Micromisiones. El mismo está conformado por una serie de programas sociales que son relanzados cada año para afrontar la pobreza y/o las carencias. En ese sentido, existen numerosas Misiones Sociales funcionando para la atención al adulto mayor como: Misión Barrio Adentro, Misión Sonrisa, Misión "Milagros", Misión en Amor Mayor, Misión Cultura, Misión Barrio Adentro deportivo, Misión Alimentación, Misión Guaicaipuro y las Misiones Educativas Robinson, Ribas y Sucre. Todas estas misiones se vienen desarrollando en las áreas de salud, educación, cultura, deporte, recreación y alimentación (e.g., Ramos de Balazs, López de D'Amico y Guerrero de Hojas, 2014). El propósito de estas Misiones es contribuir a superar las desigualdades sociales y condiciones de pobreza que tienen algunos adultos mayores. De igual manera, proteger a quienes dentro de esta población presenten alguna discapacidad o enfermedad que les impida o dificulte valerse por sí mismas. Al respecto, Caicedo (2012) asegura que "las misiones sociales son unos de los principales baluartes de inclusión social por parte del gobierno de Hugo Chávez para enfrentar la desigualdad social que existe en la sociedad venezolana" (p. 1). Si bien es cierto que estas misiones han sido punta de lanza para la inclusión social, también han minimizando los problemas de salud, de alimentación, de educación y de pobreza extrema en la población venezolana, en especial el adulto mayor.

Es de hacer notar que los programas y proyectos que conforman estas misiones se han estado desarrollado articuladamente con las realidades del país y llevan el alivio a los excluidos, a todos los ciudadanos cualesquiera sean sus condiciones. Es importante mencionar que para la coordinación de las Misiones Sociales se crean las bases de Misiones Socialistas. Según información de Telesur (2014), "son centros logísticos y operativos construidos por el Gobierno de Venezuela en mil quinientas comunidades del país, identificadas con la pobreza extrema. Su objetivo es garantizar servicios de salud, alimentación, atención social y educación al pueblo venezolano que vive en pobreza extrema" (p. 1).

Por otra parte, según las consideraciones del ámbito jurídico venezolano, podemos partir del estudio de la Constitución de la República Bolivariana de Venezuela (1999) y las garantías que ésta ofrece al adulto mayor. Asimismo se plantea una revisión de los distintos convenios con la Organización de las Naciones Unidas, la Organización Internacional del Trabajo y la Organización Mundial de la Salud, ratificados por Venezuela en materia de protección social a la vejez, que de conformidad con el artículo 23 de la Constitución de la República Bolivariana de Venezuela al tener jerarquía constitucional prevalecen en el orden interno; para finalmente hacer un recorrido por la legislación patria, apoyados en la pirámide Kelsen: es decir, partiendo de las leyes de rango jerárquico superior como la Ley Orgánica del Sistema de Seguridad Social hasta llegar al análisis y consideración de las leyes ordinarias, tales como la Ley de Servicios Sociales al Adulto Mayor y Otras Categorías de Personas, la Ley del Seguro Social y otros instrumentos legales vinculados al tema como lo son la Ley del Estatuto sobre el Régimen de Jubilaciones y Pensiones de los Funcionarios o Empleados de la Administración Pública Nacional, de los Estados y de los Municipios y la Ley de Seguridad Social de las Fuerzas Armadas Nacionales.

No obstante, la comisión permanente de Adultos Mayores de la Asamblea Nacional Constituyente de Venezuela presentó un plan de trabajo dirigido a crear la Ley Orgánica para la protección integral de ese sector de la sociedad. Así lo declaró la diputada de la Asamblea Nacional

Constituyente Gladys Requena al periódico *Prensa Latina* (2018), donde expresó que esta ley es parte de un nuevo ordenamiento político y jurídico del Estado venezolano donde se prevé la creación de un capítulo de la Carta Magna dirigido a la preservación de los derechos del sector más envejecido de la población. De igual manera, destacó que crearán grupos de trabajo para revisar las normativas legales existentes en la materia y sistematizar las propuestas de ese sector poblacional para el Plan de la Patria (plan de Gobierno de Venezuela) 2019-2025.

Resulta claro que en Venezuela la atención a los adultos mayores es una prioridad para el Estado, por lo cual instrumentar estas leyes y políticas de carácter humanista asegura la máxima protección, inclusión, igualdad, respeto, solidaridad, bienestar y justicia social para los adultos mayores, especialmente para aquellos que viven en hogares cuyos ingresos son menores al salario mínimo nacional. Desde esta perspectiva es que este escrito busca orientar a aquellos docentes de Educación Física que trabajan con personas mayores, para intentar enfocar la realidad y necesidades de los adultos mayores. De igual manera, al poder disponer de este documento que contribuya a estimular investigaciones en el área Educación Física del adulto mayor.

Desarrollo

En las últimas décadas, a nivel mundial y de manera específica en Venezuela, se les ha atribuido gran importancia a los adultos mayores. Es por ello que para dar respuesta a los retos que demandan las exigencias de esta población se citan a continuación algunos autores que con sus investigaciones y aportes han destacado la relevancia de la misma, tan necesaria en nuestra sociedad.

Salcedo (2008) realizó un estudio con el propósito de elaborar un programa de recreación para la promoción de la salud integral del adulto mayor en un sector del estado Aragua en Venezuela. En atención a los resultados, concluyó que en el sector Las Acacias es necesario implementar un programa de recreación dirigido a los adultos mayores para contribuir al mejoramiento de su calidad de vida; los mismos están en disposición de participar en actividades recreativas, siempre que sean planificadas tomando en cuenta sus necesidades, capacidades físicas y mentales. Existe un universo muy amplio de actividades recreativas en las que los adultos mayores podrían participar. Los consejos comunales deberían darles un mayor apoyo a los adultos mayores, aprovechando que están organizados por clubes y tienen gran disposición de participación. El ingreso monetario de la mayoría de las personas mayores proviene de sus familiares ya que no cuentan con el apoyo gubernamental; el estudio recomienda que el Estado debiera tomar más en cuenta la realidad de este grupo etario en cuanto a salud y calidad de vida.

Por otro lado, Mogollón (2012) en su trabajo "Una perspectiva integral del adulto mayor en el contexto de la educación", planteó como propósito de la investigación realizar un análisis sobre la perspectiva integral del adulto mayor en el ámbito educativo. En tal sentido, la Dra. Mogollón tomó como evidencias empíricas estudios realizados por Garibotto *et al.* (2008) y Roe *et al.* (2007) con las modernas tecnologías de mapeo cerebral (*brain scanning*), donde se demostró que, aun en la senescencia, el adulto mayor posee el potencial para insertarse en una educación permanente. Se concluye que a pesar de la vulnerabilidad natural que el adulto mayor alcanza en ocasión de su envejecimiento, sus perspectivas para educarse son altamente alentadoras.

De igual manera, Sánchez (2013) realizó una investigación que llevo como título "Plan de actividades físico-recreativas para adultos mayores entre 60-75 años". El estudio tuvo como objetivo proponer un plan de prácticas corporales (físico-recreativas) para incorporar el ejercicio físico entre los adultos mayores de un barrio en el estado de Vargas. Según los resultados, el investigador llegó a las siguientes conclusiones: a) los fundamentos teóricos metodológicos abordados para el estudio investigativo permitieron desarrollar las bases científicas fundamentales para el desarrollo del trabajo investigativo; b) la aplicación y valoración de los instrumentos de investigación permitieron constatar el problema científico, determinando a su vez las actividades físico-recreativas a utilizar bajo los sustentos teóricos metodológicos abordados y en correcta relación con los gustos y preferencias de los adultos mayores de la comunidad en estudio; c) la valoración de los especialistas seleccionados coinciden en el alto nivel de efectividad del plan de prácticas corporales (físico-recreativas) para la incorporación de los adultos mayores entre 60 y 75 años.

En ese mismo orden de ideas, López (2014) realizó un programa de prácticas corporales (físico-recreativas) para mejorar la calidad de vida del adulto mayor en un sector del municipio Valencia del estado de Carabobo. Después de la ejecución del programa, se observó que permitió la integración e inclusión en la comunidad, además de cambiar su estado de salud y calidad de vida teniendo como resultado un desarrollo integral, social y psicológico del adulto mayor en ese sector.

Las investigaciones señaladas anteriormente sirven como referentes, en principio, porque están relacionadas con el objeto de estudio, además con la recomendación de desarrollar estudios de investigación a fin de definir las actividades de la Educación Física y los medios que necesitan los adultos mayores para el mejoramiento de la salud y la calidad de vida; esto resalta la importancia del trabajo en desarrollo. Importa –y por muchas razones– sustentar el escrito exponiendo diversos supuestos teóricos y criterios que algunos autores tienen acerca de la práctica de la Educación Física con adultos mayores en Venezuela.

Precisemos, antes que nada, que el envejecimiento es un proceso biológico en el adulto mayor, es la última etapa de la evolución del ser humano, en consecuencia, se presentan cambios notables en los diferentes sistemas: cardiológico, muscular, circulatorio, neurológico, entre otros. Por esto, se presentan patologías propias de la edad, razón por la cual la Organización Mundial de la Salud promueve campañas para llegar al envejecimiento activo. Esta campaña implica el cuidado de la salud y la formación y educación para atención del adulto mayor. Al respecto, Álvarez, Gonzalo y Rodríguez (2011) señalaban que:

> El envejecimiento de la población es un triunfo de la sociedad moderna que refleja un éxito de las políticas de salud pública y el desarrollo socioeconómico. Podemos entenderlo como un proceso fisiológico e irreversible asociado con una alteración progresiva de las respuestas homeostáticas adaptativas del organismo, que provocan cambios en la estructura y función de los diferentes sistemas y además aumenta la vulnerabilidad del individuo al estrés ambiental y a la enfermedad (p. 3).

La cita anterior nos indica que el adulto mayor en ese proceso de envejecimiento sufre cambios de acuerdo a la edad, cambios que de una u otra forma van a afectar su vida diaria y por ende en lo social. Esta es razón por la cual la atención a los adultos mayores debe ser prioridad para el Estado venezolano. En ese sentido, se crearon políticas sociales donde se enmarca una serie de misiones sociales orientadas al derecho a la educación, al deporte, a la recreación, al tiempo libre y a la salud.

En relación con este punto, la salud, consagrada como un derecho social en la Constitución de la República Bolivariana de Venezuela (1999) en los artículos 83 y 84, y con la responsabilidad de que el "Estado garantizará como parte del derecho a la vida", se crean tres misiones: "Barrio Adentro", "Sonrisa" y "Milagro", que tienen como objeto garantizar la salud al pueblo, en especial a los excluidos y al adulto mayor. Es de hacer notar, según la Comisión de enlace para la Internacionalización de las Misiones Sociales (2005), que el acceso a los servicios de salud que ofrece estas misiones es totalmente gratuito bajo los principios de equidad, universidad y justicia social. La primera misión, mediante un modelo de gestión de salud integral a través de consultorios y clínicas populares dentro de las comunidades, da la prioridad a la atención primaria, para dar respuestas a las necesidades sociales de la población, especialmente la excluida, contribuyendo a mejorar la calidad de salud y de vida. La segunda es una misión integral que tiene como propósito la rehabilitación protésica dental y atender las afecciones odontológicas de la población venezolana, en especial a los adultos mayores y a las personas de escasos recursos, restituyendo las condiciones funcionales, estéticas y psicológicas de los ciudadanos que, por carencias económicas, habían sido excluidos de asistencia odontológica alguna. De esta manera, la Comisión de enlace para la Internacionalización de las Misiones Sociales CEIMS asegura que la Misión Sonrisa ha marcado un precedente por ser la primera vez que la salud bucal es tratada como política de Estado, y es tomado como unos de los pilares fundamentales en la salud, el autoestima y el desarrollo personal y psicológico de la población. La tercera misión, "Milagros", tiene como objetivo atender la enorme población de escasos recursos que presenta problemas de salud visual; se plantea la posibilidad de intervenir quirúrgicamente patologías oftalmológicas (catarata y pterigium) y otros trastornos visuales incorporando a la población atendida a la vida social.

En cuanto a la seguridad social del adulto mayor, según la Comisión de enlace para la Internacionalización de las Misiones Sociales, la Gran Misión "En Amor Mayor" se crea con el objetivo de incluir a las personas mayores que trabajaron durante sus años de adultez y no pudieron cotizar en el seguro social obligatorio quedando excluidas del sistema de pensiones. Para esta Misión, son sujetos de atención beneficiarias y beneficiarios de la Gran Misión "En Amor Mayor", todas las mujeres adultas mayores a partir de 55 años y todos los hombres adultos mayores a partir de 60 años, sean venezolanas, venezolanos o extranjeras y extranjeros, con residencia legal en el país durante los últimos diez años, que vivan en hogares cuyos ingresos sean inferiores al salario mínimo nacional. Estas personas mayores son consideradas como sujetos de protección especial para esta Gran Misión que busca contribuir a superar las desigualdades sociales y las condiciones de pobreza.

En relación con la seguridad y soberanía alimentaria del adulto mayor, se crea la Misión Alimentación, destinada a efectuar el mercadeo y comercialización permanente de productos alimenticios y otros productos de primera necesidad al mayor y al detal, conservando la calidad y ofreciendo los más bajos precios posibles del mercado. Ello, con el fin de mantener abastecida a la población venezolana, especialmente la de escasos recursos económicos y adultos mayores. Además, están los programas Casas de Alimentación y los comedores comunitarios. En cuanto al programa de comedores comunitarios, la Secretaria de Desarrollo Social y Participación Popular (2015) menciona que "el programa pretende mejorar las condiciones nutricionales de la población de niños y niñas, de mujeres en gestación y lactantes, personas con alguna discapacidad y adultos mayores de 65 años. En consecuencia, Telesur (2017) informó –ratificando la cita anterior– que en Venezuela hay 1.370 casas de alimentación donde se atiende 3.400 adultos mayores, y 2.120 personas en situación de calle. Con respecto al programa de los comedores comunitarios, pretende mejorar las condiciones nutricionales de niños y niñas de 0 a 11 años de edad, mujeres en gestación, personas con alguna discapacidad y adultos mayores.

Para la atención de los adultos mayores indígenas, el Ministerio del Poder Popular para los pueblos Indígenas (2007) desarrolla la Misión Guaicaipuro, que tiene la finalidad de ejecutar, coordinar, promover y viabilizar políticas y proyectos dirigidos a reivindicar los derechos de los pueblos indígenas, derechos que fueron pisoteados durante años por gobiernos que trataban a la población indígena como seres de tercera y no productivos, por lo que quedaban excluidos del sistema. A través de esta Misión se incluye toda la población, en especial los adultos mayores, y de esta manera se busca garantizar el cumplimiento de los derechos que la Constitución Bolivariana y demás leyes de la República, reconocen a los pueblos y comunidades indígenas, al definir a la sociedad venezolana como socialista, pluriétnica y multicultural.

Para complementar las anteriores misiones, se presentan las Misiones Educativas, creadas por el presidente Hugo Chávez para ayudar a los venezolanos a culminar sus estudios, ofreciéndoles diversos niveles de enseñanza en los cuales los facilitadores o profesores impartían la clase a través de videos. Según Noticias 24 (2015), estas misiones, que llevaron el analfabetismo al mínimo, sirvieron para que todo venezolano y venezolana pudiera culminar sus estudios y colocar a Venezuela en los primeros lugares entre los países con menor índice de este tipo. Estas impulsaron el desarrollo social en Venezuela; entre ellas, la Misión Robinson, Misión Ribas y Misión Sucre. Por primera vez en Venezuela se incluía en estas misiones a las personas con alguna discapacidad y a los adultos mayores que por alguna razón no pudieron culminar su formación académica, y que hoy con las misiones educativas buscan seguir creciendo educativamente y profesionalmente. Se puede precisar, ante nada, que la Educación Física está presente en las actividades no formales de las misiones educativas, donde son atendidos por un personal formado para la atención de las personas mayores.

Es importante señalar que Romero (2018) asegura que el Instituto Nacional de Servicios Sociales garantiza "la inclusión y dignificación de las personas de la tercera edad en actividades educativas, recreativas y culturales para lograr el bienestar y la felicidad durante los años dorados" (p. 1). La cita anterior nos señala que el Instituto Nacional de Servicios Sociales juega un papel fundamental en programas y proyectos que se han venido desarrollando en estas últimas décadas en la atención de los adultos mayores.

Al mismo tiempo, con el desarrollo de las misiones se incorpora la Educación Física como obligatoria al subsistema de educación básica hasta el universitario, lo que ha llevado a crear conciencia en nuestra población más joven y adulta sobre las personas mayores. Por esta razón, el Ministerio del Poder Popular para la Educación, según los resultados de la Consulta Nacional por la Calidad Educativa (MPPE, 2014), inicia el proceso de Transformación Curricular de Educación Media General y en especial la Modalidad de Educación de Jóvenes, Adultas y Adultos, donde por primera vez se incorpora la Educación Física en esta modalidad. Según el Ministerio del Poder Popular para la Educación (2017), este proceso de transformación curricular

> Se está desarrollando en todos los centros educativos que gestionan el nivel de educación media en la modalidad de Educación de Jóvenes, Adultas y Adultos, en todo el territorio nacional. Se contempla un plan de estudios centrado en un conjunto de referentes éticos y procesos indispensables que se concretan a través de las áreas de formación y los temas generadores y referentes teóricos prácticos vinculados a cada una de ellas (p. 1).

Atendiendo a este compromiso, la Dirección General de Educación de Jóvenes, Adultas y Adultos concibe una formación continua y permanente a lo largo de la vida, como un derecho de la educación de todas y todos según sus necesidades, potencialidades, intereses y posibilidades, que garantice la prosecución de estudios universitarios y su incorporación al trabajo productivo y liberador. Por ello, la organización escolar en las instituciones educativas de la modalidad conformará una coordinación para la articulación, acompañamiento, seguimiento y control de los componentes que conforman el plan de estudio que actualmente se comienza a implementar en la modalidad, a fin de garantizar el desarrollo de los mismos. La estructura de esta coordinación, según Ministerio del Poder Popular para la Educación, responderá a la matrícula de la institución y el responsable será un docente con las siguientes características:

> Docente de reconocida solvencia moral y ética profesional, con una experiencia mínima de tres años en la modalidad, comprobada disposición para articular con todas y todos los docentes, participantes y actores de la comunidad educativa, que organice y planifique actividades relacionadas con el desarrollo de los componentes, que promuevan la difusión, intercambio y experiencias significativas en la comunidad, que tenga facilidad para articular con las diferentes instituciones, entes gubernamentales y público en general (p. 3).

En cuanto a la organización del año escolar, para la modalidad de educación de jóvenes, adultas y adultos se divide en dos períodos sucesivos de veinte semanas cada uno, de las cuales dieciocho semanas corresponden a actividades académicas y dos semanas para actividades administrativas: una al inicio y otra al final de cada período para los procesos de inscripción, planificación y emisión de documentos probatorios de estudios. Para los planteles privados que administren programas de educación media general en la modalidad de educación de jóvenes, adultas y adultos, la implementación del Proceso de Transformación Curricular se realizará de manera progresiva durante el año escolar 2016-2017.

Las instituciones y centros educativos adecuarán de manera pertinente diferentes horarios diurnos, nocturnos y fines de semana para garantizar una mayor cobertura en la atención educativa de acuerdo a: la disponibilidad de espacio físicos institucionales o de la comunidad; el cumplimiento de la carga horaria, tomando en cuenta que las horas de atención académica son de 45 minutos y cada área debe tener cuatro horas semanales distribuidas en bloques de dos horas por día (90 minutos); las necesidades de las y los participantes, esto es, con la finalidad de brindar múltiples oportunidades de formación para el encuentro y disfrute de los procesos de aprendizajes. Cuando los horarios establecidos correspondan a los fines de semana, se considerará los días sábados entre media hora y una hora para el almuerzo de las y los participantes. Los componentes de Formación Laboral, Idiomas y Participación e Integración Comunitaria, organizarán los horarios acordes a las necesidades de los y las participantes (mañana, tarde, fines de semana). También se podrán hacer combinaciones de turno en el horario (noche - fin de semana, tarde-noche), de acuerdo a las necesidades de las y los participantes, espacios disponibles y características de la región.

Con respecto a la planificación, las y los docentes planifican las áreas de formación desde un enfoque geohistórico, inter y transdisciplinario, lo cual permitirá adecuar las estrategias de enseñanza-aprendizaje, la organización de los ambientes a partir de la diversidad de intereses, necesidades y realidades propias de las y los participantes de la modalidad. La evaluación como parte fundamental del proceso educativo, se caracteriza por ser democrática, participativa, continua, integral, sistemática, cooperativa, cualicuantitativa, diagnóstica, flexible, formativa y acumulativa. Está orientada al uso de técnicas e instrumentos en función de los conocimientos, habilidades y destrezas que deben alcanzar las y los participantes.

En cuanto a los contenidos que se imparten en esta modalidad relacionada con la Educación Física, se encuentran asociados con los temas indispensables que orientan la práctica docente y precisan lo que todo ciudadano y ciudadana debe conocer al egresar del nivel de educación media. Se abordan desde todas las áreas de formación que establece el plan de estudio. Se proponen catorce temas indispensables donde el estudio del tema entre ellos se propone la actividad física, deporte y recreación. Es importante señalar que son temas fundamentales de nuestro contexto histórico contemporáneo que propician la construcción de espacios de encuentro a través de proyectos de aprendizaje y otras actividades, inter-área y entre las distintas áreas. En las orientaciones generales para el proceso de transformación curricular de Educación Media General en la modalidad de Educación de Jóvenes, Adultas y Adultos (2015) señala que hay un componente de participación o integración, formado por las áreas de promoción de las artes; tradiciones culturales; acción comunal; actividad física, salud, deporte y recreación; planificada y desarrollada por las y los participantes a lo largo de cada período.

Cabe considerar que en la entrevista (2018, 27 de febrero) a la profesora Avendaño (miembro de la Dirección General de Educación Física y Deporte del Ministerio del Poder Popular de la Educación) ella manifiesta que: "la Educación Física en la modalidad de adulto, está inmersa en un grupo de participantes comunitarios donde se promociona el arte, el acervo cultural, se promueve la salud, deporte, recreación, gimnasia pasiva, y realizan estas actividades en instituciones educativas, plazas, parques, espacios abiertos. Estos grupos se ponen de acuerdo con los representantes de la comunidad (Consejo Comunal), tienen que ver con instituciones pertenecientes a un circuito que incluyen a las personas en las actividades, le dan valor a la Educación Física, estudian en las comunidades". En cuanto a la evaluación, no tiene porcentaje cuantitativo sino cualitativo, describe las actividades que realizan y las distribuyen en no menos de siete actividades; se dividen en tres periodos académicos, requisitos *sine qua non* para aprobar la asignatura. Entendemos que en la educación para adulto, la Educación Física como tal, la realizan de forma recreativa y de esparcimiento, donde todos tienen que verla, ya que es un sistema educativo para adultos. Le da la oportunidad de graduarse, lo que conlleva que llegue la satisfacción total posible, requisito importante para aprobar la asignatura. De igual manera, la Prof. Avendaño menciona que "desde la División General de Educación Física y Deporte van a promover mesas de trabajo con la Dirección de Adultos debido a que como en la actualidad se está administrando este componente del currículo como actividad no sistemática, entonces la propuesta sería que se trabajara dos veces por semana".

Este componente está asociado a las actividades propias de los Grupos de Creación, Recreación y Producción y a la Misión "Barrio Adentro Deportivo", de esta manera integrará a las comunidades con la participación de niños, niñas, jóvenes, adultos y adultas en la práctica deportiva y recreativa para la prevención de enfermedades degenerativas que pueden presentarse con el paso de los años. Es de hacer notar que la Misión Barrio Adentro Deportivo es un acuerdo de cooperación Cuba-Venezuela en donde se han formado promotores deportivos recreativos comunitarios y ha logrado estar presente en todo el territorio nacional a través de los diferentes programas: círculo de abuelos, bailoterapia, cultura física, gimnasia laboral, gimnasia para niños y preparación física para embarazadas.

Es importante señalar que la formación de estos profesionales es responsabilidad del Gobierno Bolivariano de Venezuela, el cual asumió como prioridad la formación de las y los docentes del subsistema de educación básica y a nivel universitario con la intencionalidad de fortalecer la práctica de la Educación Física de los adultos mayores, bajo la premisa de una educación gratuita y de calidad para todos y todas, basándose en el artículo 16 de la Ley Orgánica de Educación (2009) donde se plantea que el Estado atiende, estimula e impulsa el desarrollo de la Educación Física, el deporte y la recreación en el sistema educativo.

Finalmente, se crea la Universidad de los Adultos Mayores. Según el Instituto Nacional de Servicios Sociales (2016), es una casa de estudios pública, no formal, para el intercambio de saberes, que promueve el envejecimiento activo y saludable, además de valorar la experiencia de vida y los elementos que constituyen nuestra identidad cultural, con el fin de legitimar al adulto mayor como protagonista y agente activo de cambios. La universidad no es sólo un espacio destinado a impartir talleres, sino también un lugar para crear y poner en práctica ideas para construir el hombre y la mujer nueva, ideas para el buen vivir. Desde este espacio se generan conferencias, foros, talleres, visitas guiadas a lugares históricos y también actividades en las comunidades, teniendo en cuenta siempre al adulto mayor como sujeto protagonista de la acción.

Por otro lado, la Agencia Venezolana de Noticias (2016) informa que la Asociación Civil UNI-3 (2016) organiza actividades en áreas como acondicionamiento físico, movimiento, vida y salud y taichi, yoga, entre otros. También se imparten cursos de inglés y en el área de social, tienen abiertos estudios de turismo y recreación, en el área de expresión creativa, comprende danza y la música, están abiertos los talleres de canto coral, cuatro, guitarra y danza tradicional, árabe, biodanza y bailes caribeños. Además, como señala la directora de esta institución, Gladys de Ocanto, "cada vez se amplía más el número de adultos mayores en la universidad, no importa la situación que tengan, el estar en la universidad les posibilita no sólo adquirir distintos saberes, sino también descubrir y canalizar potencialidades que le permitan vivir esta etapa de envejecimiento su vida en armonía, con salud física y emocional".

Las citas anteriores nos hacen suponer que la Educación Física es un elemento clave para para la atención a los adultos mayores y para el logro de los fines y objetivos que se señalan en la Constitución de la República Bolivariana de Venezuela y demás instrumentos legales a través de los cuales el Estado norma el funcionamiento de los servicios educativos orientados a preservar el bienestar de ese estrato social de la población. Por lo que estos especialistas tienen el reto de motivar y entusiasmar a la práctica de la Educación Física a través de sus medios como el deporte y la recreación para garantizar la inclusión y la suprema felicidad de los adultos mayores de Venezuela.

Conclusiones

En el nuevo milenio ha sido primordial para el Estado la creación de políticas sociales para la atención de adultos mayores. En primer lugar, se redimensionó el ordenamiento jurídico patrio en materia de protección social a las personas de la tercera edad, donde se consagra un conjunto normativo complejo, disperso y de relativa actualidad. Vale la pena considerar este marco legal, pues existe una variedad de instrumentos que regulan la materia, unos con una vertiente contributiva y otros asistencialista, todos dirigidos a amparar al adulto mayor, tales como los afiliados al Seguro Social Obligatorio, los funcionarios de la administración pública nacional, estatal y municipal, el personal de las universidades públicas e incluso los miembros de las fuerzas armadas nacionales; pero también otorga protección, sin discriminación alguna, a aquellos que se encuentran en total desamparo, en estado de necesidad y sin ningún tipo de ingreso, pues la ausencia de capacidad contributiva no será motivo para excluir a las personas de la tutela del Sistema de Seguridad Social, todo ello bajo la orientación de los lineamientos establecidos en la Constitución Nacional venezolana.

En tal sentido, la legislación venezolana en materia de protección social al adulto mayor se orienta a través de instituciones y programas que permiten desarrollar las políticas de Estado para garantizar una vejez en seguridad, amor y paz para todo ese sector de la población. Para tal fin, el Ejecutivo Nacional dispone actualmente de un conjunto normativo que garantiza la existencia de condiciones dignas, decorosas, igualdad y no discriminación para la ejecución de todos los programas de protección social para todas las personas mayores.

En esta perspectiva, la Educación Física en Venezuela no escapa del ordenamiento jurídico actual. Desde 2007 fue incorporada en el currículo del Sistema Educativo Bolivariano como asignatura obligatoria y es unos de logros que ha tenido. No obstante, la Educación Física ha venido experimentando cambios, dejando atrás el rendimiento deportivo, la competencia y la performance deportiva. En la actualidad, tiene un enfoque inter y transdisciplinario, es inclusiva, crítica y liberadora para lograr propósitos educativos a través de los medios como la recreación y el deporte educativo; permitiendo profundizar condiciones para generar una reeducación hacia la práctica recreativa y deportiva, tomando en cuenta los valores de la Patria y la convivencia armónica.

La Educación Física con los adultos mayores es un reto para los y las docentes donde se propone la formación de un individuo de manera integral, a través de sus contenidos con amplios criterios éticos, a fin de estimular una praxis social consustanciada en normas, valores y principios apoyados en el respeto, la responsabilidad, puntualidad e identificados con las disposiciones legales y éticas elaboradas para tal fin. Lograr lo anteriormente mencionado, es lograr la mayor suma de seguridad social y de felicidad posible. Por ello es necesario que los y las docentes planifiquen actividades de carácter educativo, cultural, deportivo y de recreación para la convivencia armónica de los adultos mayores, asegurando la participación e incorporación activa y protagónica de la comunidad. De allí, pues, es necesario que se realicen visitas de acompañamiento y la supervisión de las programaciones de la Educación Física en el inicio, durante y al cierre de cada período del año escolar en las instituciones educativas adscritas a la modalidad en la educación de jóvenes, adultas y adultos a fin de orientar el proceso de transformación curricular y pedagógica.

Por último, es necesario mencionar que a pesar de los esfuerzos que ha hecho el Estado de incorporar masivamente este grupo etario a los diferentes programas desarrollados por las diferentes instituciones para elevar la salud física y calidad de vida, aún no se ha logrado la mayor incorporación a la práctica sistemática generando adherencia. Sin dudas, es uno de los desafíos que tienen las y los docentes, especialistas, monitores que trabajan en el área de Educación Física y en especial el Instituto Nacional de Servicios Sociales: incorporar masivamente a los adultos mayores en prácticas corporales (físico-recreativas) para la salud. El avance es que las políticas existen, empero, hay que trabajar para que se puedan cumplir a cabalidad.

Referencias bibliográficas

Álvarez J., Gonzalo I. y Rodríguez, J. (2011). Envejecimiento y Nutrición. *Nutrición Hospitalaria Suplementos.* [Revista en línea] Disponible en: [http://www.redalyc.org/articulo.oa]. Consulta: 30 de enero de 2018.

América del Sur (2016). Venezuela: Universidad de los Adultos Mayores abre inscripciones para 40 talleres. Disponible en: [http://www.avn.info.ve/contenido/universidad-adultos-mayores-abre-inscripciones-para-40-talleres/venezuela/noticias]. Consulta: 22 de febrero de 2018.

Caicedo, J. (2012). Las misiones sociales bolivarianas y su impacto socioeconómico en la sociedad venezolana. Disponible en: [http://www. aporrea.com/noticias]. Consulta: 29 de enero de 2018.

Constitución de la República Bolivariana de Venezuela (1999). Gaceta Oficial N° 36.860. (Extraordinario) del 29 de Diciembre. Caracas.

Constituyente venezolana impulsa Ley para la Protección al Adulto Mayor Entrevista a Gladys Requena. (2018). [Documento en Línea]. Disponible en: [http://prensa-latina.cu/index.phd]. Consulta: 15 de enero de 2018.

Garibotto, V., Borroni, B., Kalbe, E., Herholz, K., Salmon, E., Holtoff, V. y Perani, D. (2008). Education and Occupation as Proxies for Reserve in Amnestyc mild Cognitive Impairment Converters and Alzheimer Disease: FDG-PET Evidence [Educación y ocupación como sustitutos de la reserva cognitica en amnésicos leves y de la enfermedad de Alzheimer: Evidencia FDGPET]. *Neurology, 71*(17), 1342-1349.

Gutiérrez, Y. (2003). Programa de Recreación Dirigido a los Ancianos del Geriátrico (PRAG) Capitán Luis Pimentel ubicado en San Mateo, Estado Aragua Orientado a la Optimización del Uso del Tiempo libre. Trabajo de Grado de Maestría no publicado, presentado a la Universidad Pedagógica Experimental Libertador. Maracay.

Instituto Nacional de Servicios Sociales (2016). La universidad de los adultos mayores. Disponible en: [http://www.inass.gob.ve/index.php?opti]. Consulta: 28 de enero de 2018.

López, J. (2014). Programa de actividades físicorecreativas para mejorar la calidad de vida del Adulto mayor del sector 26 de la comunidad las Palmitas en el Municipio Valencia del estado Carabobo. Trabajo Especial de Grado no publicado. Universidad de Carabobo. Valencia Venezuela.

Ministerio del Poder Popular de Planificación (2017). Instituto Nacional de Estadística (INE) [Documento en Línea]. Disponible en: [http://www.ine.gov.ve]. Consulta: 15 de enero de 2018.

Ministerio del Poder Popular para la Educación (2014). Resultados de la Consulta Nacional por la Calidad Educativa. Caracas.

Ministerio del Poder Popular para la Educación (2015). Orientaciones Generales para el Proceso de Transformación Curricular de Educación Media General en la Modalidad de Educación de Jóvenes, Adultas y Adultos año escolar 2016-2017. Caracas.

Ministerio del Poder Popular para los pueblos Indígenas (2007). Misión Guaicaipuro. [Documento en línea]. Disponible en: [http://www.minpi.gob.ve/guaicaipuro]. Consulta: 31 de enero de 2018.

Ministerio del Poder Popular para Relaciones Interiores. (2005). Comisión de Enlace para la Internacionalización de las Misiones Sociales (CEIMS) Misión Sonrisa [Documento en línea]. Disponible en: [http://www. ceims.mppre.gob.ve/index.phd]. Consulta: 31 de enero de 2018.

Mogollón, E. (2012). Una perspectiva integral del adulto mayor en el contexto de la educación. *Revista Interamericana de Educación de Adultos* [Documento en línea] 2012, *34* (enero-junio).

Noticias 24 (2015). Robinson, Ribas y Sucre, las Misiones Educativas que impulsaron el desarrollo social. Disponible en: [http://www.noticias 24.com/venezuela/noticias]. Consulta: 30 de enero de 2018.

Ramos de Balazs, A. López de D'Amico, R. y Guerrero de Hojas, G. (2014). Educación Física y su relación con la salud en la formación integral. Experiencia desde el contexto educativo en Venezuela. *Revista Iberoamericana de Psicología del Ejercicio y el Deporte, 9*(2), 55-74.

Roe, C. M., Xiong, C., Miller, J. P. y Morris, J. C. (2007). Education and Alzheimer Disease Without Dementia: Support for the Cognitive Reserve Hypothesis [Educacion y enfermedad de Alzheimer sin demencia: Soporte la hipotesis de la reserva cognitiva]. *Neurology*, 68(3), 223-228. doi: 10.1212/01.wnl.0000251303.50459.8ª

Romero, H. (2018). En INASS Portuguesa dictaron taller sobre optimizar la calidad de vida durante la vejez. Disponible en: [http://www.inass.gob.ve/index.php?opti]. Consulta: 28 de enero de 2018.

Salcedo, J. (2008). Programa de Recreación para la Promoción de la Salud Integral del Adulto Mayor del Sector las Acacias, Parroquia Joaquín Crespo del Estado Aragua. Trabajo de Grado de Maestría no publicado, presentado a la Universidad Pedagógica Experimental Libertador. Maracay.

Sánchez, N. (2013). Plan de actividades físico-recreativas para adultos mayores entre 60-75 años. [Documento en línea] Disponible en: [http://www.monografias.com]. Consulta: 20 de enero de 2018.

Telesur (2014). Venezuela emplea Bases Socialistas para combatir la pobreza. Noticias América Latina. Disponible en: [http://www.telesur.net]. Consulta: 15 de enero de 2018.

Telesur (2017). Gobierno de Venezuela reactiva programas casas de alimentación. Disponible en: [http://www.telesur.net]. Consulta: 15 de enero de 2018.

Secretaria de Desarrollo Social y Popular (2015). Programa de Comedores Escolares. [Documento en línea] Disponible en: [http://www.gob.mx/sedesol]. Consulta: 28 de enero de 2018.

Valles, L. (2003). Investigación gerontológica y políticas sociales de atención al adulto mayor en Venezuela. [Revista en línea] *Telos*, 5(2): 214-227. Disponible en: [http://www.cepal.org]. Consulta: 10 de febrero de 2018.

— 2 —
Breve historia de la Educación Física con adultos mayores en Uruguay

Raúl Lorda Paz
(URUGUAY)

Introducción

Será muy importante entender el Uruguay dentro del contexto latinoamericano, para luego atender necesidades e intereses de una población que crece en cantidad y en años de vida: los adultos mayores.

En la actualidad, diferentes instituciones y medios de prensa hacen referencia a Uruguay en términos similares para comentar la elección de Uruguay como país del año 2013, otorgado por *The Economist Magazine*[1]. Para las Naciones Unidas, Uruguay es el país de América Latina con mejor nivel de alfabetización. Mientras que para Transparencia Internacional[2], Uruguay es el país que posee el menor índice de percepción de la corrupción, junto con Chile. Según el Programa de las Naciones Unidas para el Desarrollo, Uruguay ocupa el tercer lugar entre los países latinoamericanos después de Argentina y de Chile, que tiene el mayor Índice de Desarrollo Humano. Para la Organización Mundial de la Salud, es el quinto país de América Latina luego de Cuba, Costa Rica, Chile y Ecuador, con una esperanza de vida durante el año 2015, de 81 años para mujeres y de 73 para hombres.

Desde 1907, rige en Uruguay la ley que da derecho al divorcio. Seis años después, en 1913, la mujer obtuvo la ley de divorcio "por su propia voluntad". Uruguay fue el primer país en el mundo que llevó adelante los postulados del escritor, periodista y político José Pedro Varela, autor de la Ley de Educación aprobada el 24 de agosto de 1877, que declara el sistema educativo uruguayo como gratuito, obligatorio y laico. Uruguay

---

1. *The Economist Magazine* es un periódico con sede en Londres (Reino Unido) que publica desde 1943 en lengua inglesa, temas relacionados con la actualidad internacional y de la economía global.
2. Transparencia Internacional fue fundada en 1993 en Berlín, Alemania. Es una organización no gubernamental integrada por más de setenta países, que promueve medidas contra crímenes corporativos y corrupción política. Publica anualmente el Índice de Percepción de Corrupción a nivel mundial.

también continuó avanzando en los temas vinculados a los adultos mayores desde diferentes acciones.

Dentro de este país viven 3.300.000 habitantes, de ellos el 13,6% se encuentra en la franja denominada adultos mayores, lo que nos permite decir que somos el tercer país más envejecido de América Latina.

De este 13,6% es importante saber cómo se distribuyen en cuanto a sus capacidades, para para avanzar desde los diferentes servicios de atención, entonces:

> "(...) podemos afirmar que el 90% de los ancianos son independiente y alrededor del 95% viven en sus domicilios. Estos datos constituyen una razón suficiente para que sea la atención primaria la protagonista de la asistencia" (Sgaravatti, 2009: 17).

Para Lorda (2009: 25), "la mayor de las veces cuando se piensa en prevención, se piensa en agentes directos de la salud, cuando existen otras alternativas que por su dinámica son fáciles de implementar y requieren de pocos recursos económicos". Bien podríamos ofrecer la práctica del ejercicio físico como una alternativa real en la atención primaria mencionada, con bajos costos para su implementación y con altos beneficios en la calidad de vida de la población.

En este sentido, en la década de los años setenta comienza un movimiento significativo en la atención de los adultos mayores en Uruguay, y la Educación Física desarrollará un papel importante hasta los tiempos actuales.

La Educación Física y los adultos mayores: historia breve de un camino recorrido

En el portal de la página web de la Universidad de la República del Uruguay del 6 de julio de 2011, se publica un artículo que hace referencia a los cien años de la creación de la Comisión Nacional de Educación Física en los siguientes términos:

> La Comisión Nacional de Educación Física fue creada el 7 de julio de 1911 en la Ley 3.789, durante la segunda presidencia de José Batlle y Ordóñez. Fue uno de los primeros organismos transversales de la historia del país, pues en su composición participaron la Universidad de la República, el Ministerio de Instrucción Pública, el Consejo Nacional de Higiene, la Asociación Cristiana de Jóvenes y la Escuela Militar (Udelar, 2011: 1)

Para la época era una herramienta de mucha importancia, frente a las necesidades educativas emergentes. La Comisión Nacional de Educación Física transita por un proceso de avances y expectativas.

(...). En el segundo gobierno de José Batlle y Ordóñez, se creó la herramienta que contemplaría el desarrollo de la Educación Física, el deporte y la recreación. La Ley Nº 3.789, del 7 de julio de 1911 se planteó como objetivo impulsar una plataforma de lanzamiento del deporte. Dentro de los objetivos que se le encomendaron a la Comisión Nacional de Educación Física se destacan: la unificación de las instituciones deportivas, la publicación de material especializado, el fomento de la fundación de plazas de juegos que comenzó la instalación de las plazas de deportes, la búsqueda de recursos para el dictado de conferencias, la elaboración de un plan de Educación Física obligatorio para Educación Primaria y Enseñanza Secundaria y el combate de las causas de deterioro físico en la infancia y en la juventud de todas las clases sociales. En el transcurso del siglo, la novel comisión transitó tres vertientes principales: la Educación Física Comunitaria, la Educación Física en el sistema educativo, y el deporte (Baraibar, 2011: 1).

Frente a todo este avance que proporcionó la creación de la Comisión Nacional de Educación Física, el Instituto Superior de Educación Física aparece impulsado por la necesidad de contar con personal docente capacitado para llevar adelante planes y programas.

En el portal de la página web de la Universidad de la República del Uruguay se detalla este aspecto:

En 1939 se crea el Curso para la Preparación de Profesores de Educación Física como dependencia de la Comisión Nacional de Educación Física, de tres años de duración, estableciéndose las condiciones de ingreso y los requisitos académicos básicos, y en 1942 egresa la primera generación de profesores. Recién en 1952 se cambia el nombre del Curso por el de "Instituto Superior" por iniciativa del entonces presidente de la asociación de alumnos de Educación Física, Álvaro Bonnet (Udelar, 2011: 1).

En la segunda década del siglo XX, surgen las Plazas de Deportes que se extienden por todo el país, y en las escuelas y liceos la Educación Física es parte del currículum con la asignatura ejercicios físicos o gimnasia. Pero esta asignatura no era obligatoria.

En la época, el objetivo principal era cubrir las necesidades que la educación escolar y secundaria requería. Cuando la Educación Física escolar se convirtió en obligatoria es que el Instituto Superior de Educación

Física pasa a la Universidad de la República, transitábamos el año 2006. En sus primeros setenta años giró en la órbita de la Comisión Nacional de Educación Física.

El ingreso del Instituto Superior de Educación Física a la Universidad de la República coincidió con la declaración de obligatoriedad de la Educación Física escolar.

Nada había en la época que se vinculara a los adultos mayores, faltaba interés (léase conocimientos de los beneficios del ejercicio físico) que justificara una necesidad.

En Uruguay hasta la primera mitad de los años setenta, la formación profesional dentro del Instituto Superior de Educación Física estaba direccionada principalmente a la etapa de la educación escolar y secundaria (liceal). La cultura de la época designaba a los adultos mayores un espacio bien definido, el de los pasivos. La misma palabra marcaba el perfil en su dinámica de vida desde la jubilación en adelante.

Algunas cosas comienzan a cambiar desde el punto de vista social, político y económico, que la población de adultos mayores comienza a ser protagonista de un estilo de vida antes ni pensado. La dinámica en la conformación de nuevos roles sociales y la necesidad de encaminar nuevas propuestas saludables de vida, hacen que los adultos mayores comiencen a ocupar espacios importantes de protagonismo. Medicina, confort y educación contribuyen para entender la necesidad de un nuevo proceso.

La Educación Física se presentaba como una alternativa real para una mejor calidad de vida, ofreciendo además de sus habituales clases, espacios sociales saludables que les permitieran salir de aquella "pasividad" y ser ahora verdaderos protagonistas de su propia historia.

En la segunda mitad de los años setenta comienzan a ofrecerse espacios para los adultos mayores. Por gestión de la Comisión Nacional de Educación Física, las plazas de deportes y complejos habitacionales se tornan espacios donde los adultos mayores comienzan a disfrutar de la propuesta ofrecida: gimnasia y recreación.

En estos comienzos hubo dos colegas que se destacaron en sus propuestas con adultos mayores, los profesores Carlos Méndez y Laura Dornelles, que desarrollaban sus clases en el complejo habitacional de Canal 5, nombre adjudicado por estar al lado de las instalaciones de los estudios de Canal 5 de televisión.[3]

Junto con las plazas de deportes de Montevideo, comienzan a sumarse las del interior del país. La demanda crece… pero son pocos los docentes capacitados para atender a esta población. Comienza a gestarse desde el

---

3. Información ofrecida telefónicamente por la profesora Laura Dornelles, el 9 de febrero de 2018.

Instituto Superior de Educación Física la implementación de una asignatura que contemplase esta necesidad y en 1992 surge la cátedra de Teoría y Práctica de la Didáctica Especial para Adultos y Tercera Edad. Según Lorda (2009:24):

> Es a partir de 1985 que el Instituto Superior de Educación Física comienza a dedicarle algunos espacios a la formación profesional en esta área, desde la práctica docente no formal. Pero será desde 1992 que el profesor de Educación Física recibe una formación específica cuando la cátedra de Teoría y Práctica de la Didáctica Especial para Adultos y Tercera Edad es parte del currículum en la formación del profesor de Educación Física, será a partir de aquí que habrá una orientación específica para esta etapa de la vida.

Es interesante dar una lectura a la fundamentación, objetivos y contenidos del programa para el Plan 2004, realizado por Lorda en el mismo año, que no difiere del Plan elaborado en el año 1992. A continuación se describe con el solo deseo de tener un panorama de lo que se ha realizado, en cuanto al contenido programático para la formación del estudiante de Educación Física en esta disciplina.

UNIVERSIDAD DE LA REPÚBLICA
INSTITUTO SUPERIOR DE EDUACIÓN FÍSICA
"Prof. Alberto Langlade"
Licenciatura en Educación Física
PLAN 2004

Educación Física para el Adulto Mayor
Código PC1609

Carga horaria total: 30
Créditos otorgados: 3
Carácter de la Asignatura: opcional
Régimen de asistencia: obligatorio

FUNDAMENTACIÓN
Soledad, marginación e incomunicación, conforman la trilogía de nuestro tiempo, instalándose en la tercera etapa de la vida de una manera implacable.
Las actividades físicas y recreativas, seleccionadas adecuadamente, son una herramienta fundamental en la construcción de espacios solidarios, cooperativos, donde la comunicación es sinónima de placer con efectos fisiológicos y psicológicos importantes.
Nunca antes como en la actualidad se vinculó tanto el ejercicio físico con todos los agentes de la educación y salud en la etapa de la jubilación, de la vejez.
Uruguay cuenta con una población mayor de 65 años que está en un 13,4 % de los 3.240.676 habitantes... es el país más envejecido de América Latina y el Caribe, según el Censo de Población, Hogares y Viviendas que presentó recientemente el Instituto Nacional de Estadísticas.

Es en este sentido que el ejercicio físico no puede quedar fuera de la Formación Profesional, no solamente como integrante del concepto de salud a nivel mundial, sino como parte importante del trabajo interdisciplinario y de investigación hacia los adultos mayores.
El ISEF se encuentra en esta línea de estimulación, orientación y capacitación para actuar en el plano operativo con adultos mayores.

OBJETIVOS

Facilitar la comprensión de la problemática que la tercera edad plantea para atender sus necesidades e intereses en el área de las ciencias del movimiento.
Brindar elementos técnico-metodológicos para actuar en el plano operativo con diferentes grupos de tercera edad.
Presentar elementos para la elaboración de proyectos comunitarios.

CONTENIDOS

UNIDAD 1 - CONCEPTO DE ENVEJECIMIENTO

Aspectos sociales del envejecimiento. La población mundial. La situación de Uruguay y los servicios de atención en gimnasia y recreación.
Los cambios psicosomáticos más relevantes en el proceso de envejecimiento y su relación con el ejercicio físico. Necesidades e intereses para la implementación y diseño de un programa.
Análisis sobre los cambios más relevantes vinculados a músculos, huesos, articulaciones, aparato cardiorrespiratorio, visión, audición y piel, en la búsqueda de alternativas pedagógicas que faciliten el proceso metodológico adecuado, en el desarrollo de la clase.

UNIDAD 2 - LOS OBJETIVOS

Objetivos generales del movimiento corporal.
Objetivos específicos en la clase de gimnasia y recreación.

UNIDAD 3 - CUIDADOS ESPECIALES

Los cuidados especiales a tener en cuenta para la elaboración de un programa y en el desarrollo de la clase de gimnasia y recreación en sus tres aspectos: técnicos metodológicos, fisiológicos y psicológicos.

UNIDAD 4 - LA CLASE DE GIMNASIA Y RECREACIÓN

Los elementos que conforman la clase, la selección de los contenidos y su distribución. El uso de materiales, distribución y cuidados. La práctica docente.

UNIDAD 5 - PROYECTOS COMUNITARIOS

Diseño de proyectos de atención a la comunidad.

CONFIGURACIONES DIDÁCTICAS

El curso se estructura sobre propuestas que orienten la búsqueda individual y colectiva para el desarrollo de los elementos que favorecen **entender** el proceso de envejecimiento y luego poder **atender** sus necesidades e intereses en el área de las ciencias del movimiento.
Se priorizan estrategias hacia la reflexión de los estudiantes.
Y se promueve por medio del conocimiento estimular la integración interdisciplinaria y la investigación.

EVALUACIÓN

Teórica: mediante una prueba escrita sobre conceptos básicos del programa.
Práctica: facilitando una clase, diseñando sus objetivos, seleccionando los contenidos e implementado sus estrategias pedagógicas y metodológicas con grupos de adultos mayores.

BIBLIOGRAFÍA BÁSICA
BLESSIG, Anne Marie (1997). *Hacer deportes después de los 50 años*. Barcelona, Editorial DE VECCHI, Barcelona.
FEBRER DE LOS RIOS, Antonia y SOLER VILA, Ángeles (1989). *Cuerpo dinamismo y vejez*. Barcelona, INDE Publicaciones.
LORDA, C. Raúl (1990). *Educación Física y recreación para la tercera edad* (segunda edición). Montevideo, NEXOSPORT.
LORDA, C. Raúl y SÁNCHEZ, Carmen Delia (1993). *Recreación para el trabajo social con tercera edad*. Montevideo, NEXOSPORT.

Ahora, con mayor cantidad de profesores formados en el área de los adultos mayores, es tiempo de implementar otros servicios.

A fines del año 1993, la intendencia municipal de Montevideo llama a Concurso de Mérito y Oposición para cubrir cinco vacantes, que atenderían luego varios barrios de Montevideo[4]. En el Suplemento Años Dorados del diario *La República*, se mencionan los primeros ocho barrios que se atienden en Montevideo: "Cerro, Nuevo París, Punta de Rieles, Parque Rivera, Complejo Habitacional Canal 5, Buceo, Parque Rodó y Cordón" (Lorda, 1994: 43).

El 4 de enero de 1994 comienzan los servicios en dos playas de Montevideo: Malvin y Buceo. Así se daba inicio a la implementación de nuevos programas para la atención del Adulto Mayor.

Lorda (2009: 24) detalla este aspecto:

> En 1997 se crea en el Instituto Superior de Educación Física desde su Departamento de Extensión, el Proyecto LAVICO 50 (La Vida Comienza a los 50), un servicio ofrecido a la comunidad que circunda esa Casa de Estudios. LAVICO 50 es una alternativa de vida y salud, donde pre-jubilados interactúan con jubilados en una dinámica que capitaliza aggiornamiento de unos y experiencia de otros, en una dinámica de gimnasia, recreación, paseos, excursiones... y bailes. En donde protagonismo y autogestión contrarresta marginalidad, depresiones y angustias tan propias de los tiempos en los que vivimos.

Desde el Ministerio de Deporte y Juventud se capitaliza el impulso y en el año 2002 se firma un Convenio entre el Banco de Previsión Social y el Ministerio de Deporte y Juventud para implementar un proyecto que lleva el ejercicio físico a doce residencias de adultos mayores en el interior y casi treinta en Montevideo.

---

4. Información ofrecida telefónicamente por la profesora Elizabeth Gutiérrez el 20 de febrero de 2018.

Parte de esa historia es que por primera vez un profesor de Educación Física especializado en adultos mayores fuera designado por el Ministerio de Deporte y Juventud como asesor en Educación Física y recreación para adultos mayores, en esa Secretaría de Estado. El 10 de septiembre de 2001 se realiza la designación en la siguiente resolución:

Ministerio de Deporte y Juventud
Ministro

Montevideo 10 de setiembre de 2001.

R.N. 496-01

VISTO: la necesidad de contar con asesoramiento profesional altamente calificado en las distintas áreas que son de competencia de esta Secretaría de Estado;

RESULTANDO: 1) que la educación física y recreación en la tercera edad es un tema que ocupa un lugar de prioritario en las políticas del Ministerio de Deporte y Juventud.

2) que el desarrollo de estrategias y la implementación de planes en este sentido beneficiará a los ciudadanos comprendidos en el tramo de la tercera edad, mejorando positivamente aspectos en relación a su calidad de vida

3) que el Prof. Raúl Lorda a desarrollado a través de su desempeño como docente en esta área en el Instituto Superior de Educación Física el Programa "LAVICO 50" y, reconociendo su desempeño local e internacional como asimismo las publicaciones específicas que en relación a esta temática ha realizado.

CONSIDERANDO: que es de mucha utilidad para esta Secretaría de Estado contar con asesoramiento idóneo en la materia;

ATENTO: a lo expresado;

EL MINISTRO DE DEPORTE Y JUVENTUD
RESUELVE:

1) Desígnase al Profesor CARLOS RAUL LORDA PAZ, como Asesor del Sr. Ministro de Deporte y Juventud en la materia "Educación física y recreación para la Tercera Edad";

2) Notifíquese al interesado, comuníquese; hecho archívese.

Jaime-Mario Trobo
Ministro

Soriano 882 - Montevideo Uruguay
Tel 9007871 9011581 - 9021201 Fax 9007842

Documento del archivo personal del autor

Entre los días 20 y 22 de junio de 2008, se realiza en Montevideo el cuarto "Encuentro Latinoamericano: los nuevos tiempos de la vejez, un compromiso multiprofesional", con la presencia de profesionales de Argentina, Colombia, Brasil, Chile, México, Paraguay, Puerto Rico y Uruguay. Organizado por el Comité Nacional Uruguayo de la Fédération Internationale d'Éducation Physique[5], con el apoyo de la Asociación Latinoamericana de Profesionales que trabajan en Ciencias del Movimiento con Tercera Edad y Grupo Iberoamericano Interdisciplinario en Gerontología.

Mencionamos el evento para capitalizar su importancia interdisciplinaria, con el deseo de mostrar los rumbos de la Educación Física en el plano gerontológico.

Participaron médicos, enfermeros, psicólogos, profesores de Educación Física, abogados, asistentes sociales, fisioterapeutas, cuidadores, demógrafos, recreadores, propietarios de casas residenciales, directores de instituciones que atienden adultos mayores, sexólogos, empresarios y... las mismas personas mayores, que llegaron desde Brasil y Argentina en número significativo.

En el amplio programa se desarrollaron mesas redondas que incluían los siguientes temas: la interdisciplinariedad; construyendo calidad de gestión; políticas públicas; área holística; programa de atención para el tiempo libre; prevención a través de la promoción de hábitos de salud. En las conferencias: los nuevos tiempos de la vejez; residencias y hogares: alternativas para una mejor calidad de vida. En relatos de experiencias se expusieron turismo social; colonias de vacaciones; recreación; programas de playa; la danza; el teatro; imagen corporal y encuentros de grupos de tercera edad para jornadas de turismo guiadas.

De aquella propuesta multidisciplinaria fuimos aprendiendo a conversar un idioma común, el de la gerontología, para pasar a la siguiente etapa, la de la interdisciplinariedad.

Conclusiones

Mucho se ha andado, y queda mucho por delante, pero cuando pasamos de la etapa de las ideas a los proyectos viables, el resultado es gratificante y estimula para continuar haciendo historia.

Se sumaron la mayoría de los clubes deportivos a las propuestas saludables, ampliando el número de adultos mayores en la práctica regular del ejercicio físico. En la misma línea aparecen nuevas fuentes laborales para los que hacemos de la gerontología un camino de vida.

---

5. La Fédération Internationale d'Éducation Physique fue fundada en 1923 en Bruselas, está integrada por más de 120 países, y desde su fundación ha sido un referente para la discusión sobre temas de la Educación Física en el mundo.

Cerraré este capítulo dedicado al Uruguay con un homenaje al proyecto de extensión LAVICO 50 (LA VIda COmienza a los 50), como muestra de que es posible llegar a los veinte años de permanencia de un servicio, con un proyecto que contempla necesidades e intereses de los adultos mayores. Si bien hoy continúa con otro nombre, sus inicios se remontan al año 1997.

Referencias bibliográficas

Baráibar, C. (2011). Los cien años de la Comisión Nacional de Educación Física. La Red21. Recuperado de: [http://www.lr21.com.uy/editorial/463826-los-cien-anos-de-la-comision-nacional-de-educacion-fisica].

Lorda, R. (1994). Ejercicio físico, alternativa de vida y salud. *Los Años Dorados*, 1(6), 41-43.

Lorda, R. (2009). ¿Hacia dónde vamos cuando hablamos de Calidad de Vida?. En Palumbo, R. (Coord.), Programa de capacitación: en búsqueda de la equidad. Recuperado de: [http://www.inmujeres.gub.uy/innovaportal/file/3127/1/onajpu_libro_busqueda_equidad_generacional.pdf].

Sgaravatti, A. (2009). Salud desde un enfoque de prevensión. En Palumbo, R. (Coord.), Programa de capacitación: em búsqueda de la equidad. Recuperado de: [http://www.inmujeres.gub.uy/innovaportal/file/3127/1/onajpu_libro_busqueda_equidad_generacional.pdf].

UdelaR (2001). 100 años de la Comisión Nacional de Educación Física: actualidad de una disciplina. Recuperado de: [http://www.universidad.edu.uy/prensa/renderItem/itemId/28210].

— 3 —
Entre duas e meia a 3 décadas de ativismo em Educação Fisica Gerontológica no Amazonas

Rita Maria dos Santos Puga Barbosa y Nazaré Marques Mota
(BRASIL - AMAZONAS)

Os primórdios da jornada

O inicio foi marcado pelo desafio de pesquisas em duas pontas etárias, pré-escolares e envelhecentes no ano de 1987, ambos motivados pela coordenação de pesquisa exercida pela profa. Rita Puga no Departamento de Educação Fisica, da então Universidade do Amazonas, o que levou a um premio de literatura culminando com a semana acadêmica, foi uma pesquisa diagnostica. No ano seguinte teve continuidade e desta foi feita foi uma pesquisa de intervenção. Os resultados de ambas foram levantamentos literários no tema envelhecimento, que demonstrava que de 1975 a 2025, exatos 50 anos haveria um boom de envelhecimento na população mundial, o que está conferido, a chamada era do envelhecimento. Que até então havia escassos estudos na área, nacional e regionalmente.

Como resultados tivemos primeiramente um retrato de imagens clinicas e psicomotoras sedentário, sem engajamento em atividades fisicas, uma vida pacata e sem muito registro de doenças. Quando aplicado um programa de atividades fisicas psicomotoras recreativas tivemos um positivo de mulheres que moravam em suas casas, versus nenhuma adesão masculina, já no asilo houve adesão da ambos os sexos e mais enfermeiras. Os resultados gerais destas duas pesquisas apontaram para: a necessidade de formação de pessoal para atuar; compra de compêndios para biblioteca universitária; implantação de projetos na capital e municípios, dos quais já estivemos em Maués, Itacoatiara, Manacapuru, Parintins e Autazes. E foi o que vimos concretizando nestes 31 anos de lutas com algumas vitórias.

Não esquecendo que a atividade física tem sido reconhecida como elemento importante para a autonomia funcional e motora. Baur e Egeler (1983) já defendiam a meta internacional da adoção da atividade física para pessoas em fase de envelhecimento, fato apresentado em documento da Organização Mundial de Saúde em 1996 em Heidelberg, denominado Guide Lines for Physical in Older Persons, considerando a idade de 50 anos ou mais. Vale também apontar a coerência da classificação da American Geriatrics Society sobre atividades da vida diária (AVD) como parâmetro da avaliação funcional de pessoas idosas, especificadas pelas atividades que compõem as tarefas que realizam todos os dias e podendo caracterizar sua autonomia motora.

Relativo ao envelhecimento no Brasil os embates intelectuais surgem na década de 1970, com acirrados movimentos sociais em 1988, é inserido na constituição o artigo 230: A família, a sociedade e o Estado têm o dever de amparar as pessoas idosas, assegurando sua participação na comunidade, defendendo sua dignidade e bem-estar e garantindo-lhes o direito à vida. E depois em 1994 foi promulgada a Lei n° 8.842/94, que dispõe sobre a Política Nacional do Idoso (PNI), baseada na constituição de 1988. Em 1996 veio o Decreto 1948 e em 2003 veio a Lei 10.741, ou estatuto do idoso. Todos com o teor de sinalizar para as responsabilidades da família, estado e sociedade com os cidadãos maiores de 60 anos ou idosos e todas as suas dimensões.

O censo do IBGE de 2010 encontrou a População idosa no Amazonas cresceu 3,5% em dez anos. Os maiores de 60 anos representam 8,8% da população, mais de 347 mil pessoas. Pesquisa do IBGE, divulgada em 2016, revelou aumento da expectativa de vida do amazonense de 71,4 anos para 71,7 anos. Para os homens a expectativa de vida é de 68,4 anos e para mulheres é de 75,2 anos.

Há necessidade de execução atenta da PNI de todos os níveis de atenção e proteção ao idoso. E já são vistas algumas pelos Governos estadual e municipal.

O percurso de ativismo em Educação Fisica Gerontológica no Amazonas

A construção contínua da Educação Fisica Gerontológica (EFG) no Amazonas a partir das ações na Universidade Federal do Amazonas (UFAM), dentro da Faculdade de Educação Fisica (FEFF-UFAM), iniciam efetivamente em 1993 com a implantação do Projeto Idoso Feliz Participa Sempre- Universidade na 3ª Idade Adulta (PIFPS-U3IA-FEFF-UFAM), com um modelo de extensão, baseada nos objetivos de: educar para o envelhecimento, oportunizar ao idoso um contato com a universidade na condição de universitário e; Desenvolver a prática motora em gerontes facilitando sua nova identidade. Foi um sucesso e fenômeno de adesão e engajamento na atividade fisica como pode ser visto nos dados de 2003, por permanência no engajamento e por faixa etária, em 10 anos de aplicação e por idade:

Distribuição dos sujeitos por ano de ingresso fonte: pesquisa doutorado Puga Barbosa, 2003

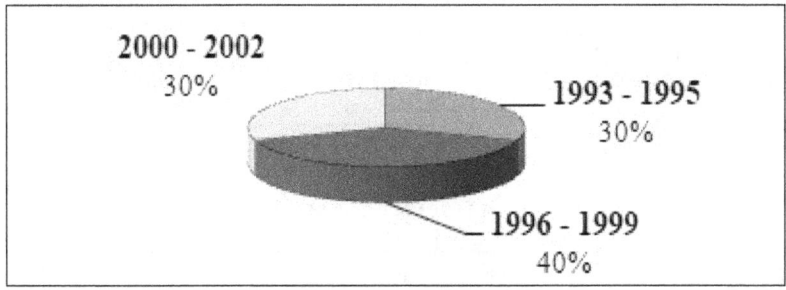

Distribuição dos sujeitos por idade fonte pesquisa doutorado Puga Barbosa 2003

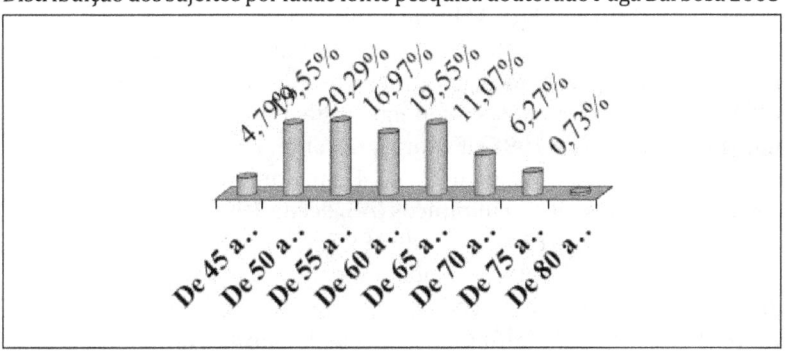

Na mesma pesquisa foi demonstrada a maior participação feminina, comprovando como em outras no nível de Brasil a feminização do envelhecimento e desfavorecendo pesquisa com os homens.

Distribuição dos sujeitos por sexo fonte pesquisa doutorado Puga Barbosa 2003

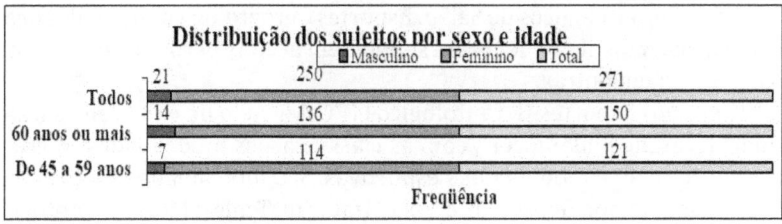

O estudo de mestrado intitulado Educação e envelhecimento: um olhar sobre a participação masculina nos grupos de terceira idade de Manaus, de Queiroz, orientada por Puga Barbosa em 2011, encontrou para homens e mulheres que participam de grupos que os homens que não participam têm os motivos: Não que ser velho e vergonha; e no mesmo estudo para os homens que não participam: por compromissos, não gostam como são os grupos e vergonha. Veja quadro na sequencia:

CAUSA PARA HOMENS NÃO PARTICIPAREM DE UM GTI	• Compromissos • Grupos • Vergonha	HNP
	• Não quer ser velho • Vergonha	HP
	• Não quer ser velho • Vergonha	MP

Demonstrativo das categorias e subcategorias da análise das falas dos sujeitos participantes e não participantes de GTIs. Fonte: Pesquisa de Campo, 2011

O PIFPS-U3IA-FEFF-UFAM com vários projetos e se tornou um programa, a saber: Grupo de oração, Grupo de Dança Gerontocoreographic Fame, excursões, Gerontocarnaval, Feira de Ciências Gerontológicas (FECIG), Festival Folclórico dos Acadêmicos da 3ª.Idade adulta do Amazonas (FFATIAM, desde 1995), Esportes Gerontológicos através de evento (Jogos Olímpicos de Idosos JOIA, de 4 em 4 anos e Jogos da Amizade Experiente, nos anos não olímpicos JAE, desde 1996), Feira de Motricidade e Arte Popular (FEMAP, desde 1997), Educação Medica, Educação Psicológica. Mais informações podem ser encontradas na página do programa www.idosofeliz.ufam.edu.br.

No Projeto PIFPS-U3IA: disciplinas de Extensão entre outras, já foram desenvolvidas: Desenvolvimento Gerontológico do Adulto; Ginastica Gerontológica; Elementos de Natação; Caminhada Ecológica; Profilaxia do Envelhecimento; Técnicas de Autopercepção; Gerontovoleibol; Hidromotricidade Gerontológica; Peteca Gerontológica; Dança de Salão; Gerontocoreografia; Educação Física Gerontológica; Musculação Gerontológica; Gerontotenis; Peteca Gerontológica; Dança Gerontológica; Pilates; Esportes Gerontológicos de Salão; Esportes Gerontológicos modalidades esportivas. A medida que foram sendo bem aceitas permanecem, umas saem e surgem outras.

O projeto Esportes Gerontológicos (EGs) adveio de experiências, as quais levaram a adaptações com as classificações modalidades: recreativas, de salão e modalidades esportivas. São modalidades esportivas – Gerontovoleibol, Gerontoatletismo, Natação, Tenis a Mesa, Gerontociclismo, Gerontofrescobol, Karatê Dô Adaptado e mais recentemente o Bolhancem que pode ser visto no you tube, exigem mais condicionamento físico e habilidades esportivas. Recreativas – Jogo da Argola, Bola ao Cesto, Condução da Bola com Bastão, Bola Cola, Gerontoarco e flecha, corrida da colher, queimada, são predominantemente de cunho visotátil. Com de salão – pif-paf e dominó, mas não estão sendo ofertados em eventos no momento atual. Todas podem ser encontradas nos 2 livros com titulo inicial Educação Física Gerontológica, e comemorativos dos 15 e 20 anos, na competição são separadas por sexo e faixa etária (45 a 59 anos, 60 a 60 e 70 em diante).

No decorrer destes trajetos para nós foi de suma importância o registro através de Livros publicados resultantes das experiências destes anos.

Focando sempre na necessidade do registro, foi elaborado um periódico primeiramente impresso denominado Boletim Informativo Unimotrisaúde em Sociogerontologia (BIUS) entre 1996 a 2001, de cunho semestral, e online em periódicos UFAM a partir de 2010 até o presente, e passou a quadrimestral em 2016 pode ser consultado na Google em periódicos Ufam. Está localizado nas ações do Núcleo de Estudos do Desenvolvimento Adulto (NEIDA-FEFF-UFAM). Em 2016 formalizou parceria com a Universidade Estadual da Santa Catarina (UDESC) e ampliou o raio da literatura divulgada para todo e qualquer assunto do âmbito da Educação Física.

Reavivando a memória de alguns cativantes resultados de pesquisas deste ativismo

Passando a descrever resultados de pesquisas poderá ser observado que: O estudo da imagem corporal através da catexe corporal, definida pelos graus de satisfação ou insatisfação com partes e funções corporais, na tese de doutorado intitulada Avaliação da Catexe Corporal dos Participantes do Programa de Educação Física Gerontológica da Universidade Federal do Amazonas de Puga Barbosa (2003) orientada por Tavares, usou escala tipo Lickert de 5 pontos, de catexe corporal sobreposta de Secord e Jourard (1953 e 1954 e Tucker, 1981), em dois momentos, com 10 meses de atividade física e um após 1 mês de férias encontrou para as partes corporais assim subdivididas:

Quadro 1 – Classificação global e itens da escala superposta da Catexe Corporal

Classificação global	Itens
Cabeça	*Cabelos, olhos, nariz, orelhas, ouvidos, queixo, forma da cabeça, lábios, dentes, testa, face, nuca..*
Tronco	*Largura dos ombros, tórax, cintura, costas, pescoço, tronco, quadril*
Membros	*Mãos, braços, dedos, pulsos, tornozelos, pernas, pés, joelhos.*
Funções corporais	*Apetite, eliminação, excreção, respiração, disposição corporal, idade, digestão, dormir, voz, saúde, atividade sexual, sexo, tolerância à dor, resistência à doença, órgãos sexuais e perspicácia..*
Qualidades físicas	*Atividade física rotineira, resistência física, força muscular, coordenação, tônus muscular, habilidade física e flexibilidade.*
Aparência global	*Compleição facial, distribuição de cabelo pelo corpo, compleição corporal, perfil, altura, textura da pele, postura, peso, aparência global.*

A Catexe Corporal global média na primeira e segunda fases foram maiores para o sexo masculino e difere significativamente do sexo feminino. A maioria dos pesquisado estão acima da média de satisfação independente do ano de ingresso no programa, o que se pode pensar que o fator atividade física é mais forte para contribuir com este resultado.

Tabela 2 – Média e desvio padrão da Catexe Corporal por faixa etária e sexo nas duas fases

Faixa	Sexo	1ª		2ª	
		(X)	(DP)	(X)	(DP)
	Geral	3,64	0,51	3,59	0,53
	Feminino	3,60	0,51	3,55	0,51
	Masculino	4,13	0,38	4,04	0,38
45-59 anos	Feminino	3,60	0,51	3,57	0,54
	Masculino	4,23	0,26	4,04	0,14
60 anos ou mais	Feminino	3,59	0,50	3,54	0,52
	Masculino	4,08	0,42	4,04	0,45

Nível de significância = 0.05 ou 5%. 1ª – primeira fase. 2ª = segunda fase X = média. DP = desvio padrão

A partir da análise dos dados obtidos pudemos constatar que: o tempo no programa aumenta a Catexe Corporal; O sexo masculino apresenta Catexe Corporal mais alta que o feminino; O grau de satisfação alto dos sujeitos independe da idade, do número de atividades em que participam e das doenças registradas. Os resultados obtidos nas duas fases foram semelhantes. Esse dado aponta para uma relativa estabilidade no grau de investimento psíquico catexe no corpo, nesta população. Esta foi a primeira pesquisa realizada no Brasil, abordando a imagem corporal no envelhecimento com o engajamento em programa anual de atividade física, utilizando a escala da Catexe Corporal.

Estudando os Níveis de qualidade de vida e capacidade funcional em idosos maiores de 70 anos adeptos a educação física gerontológica, para titulação de especialista em Gerontologia e Qualidades de Vida Ativa no Desenvolvimento Adulto, pela FEFF-UFAM, Castro orientada por Puga Barbosa, em 2010 encontrou em amostra de 30 acadêmicas da 3ª idade adulta (acadêmicos 3IA), variando de 70 a 84 anos, com seu engajamento na EFG do PIFPS-U3IA=FEFF-UFAM de 5 a 17 anos, a partir da aplicação da escala tipo Lickert de 3 pontos, de Auto-Avaliação da Capacidade Funcional de Spirduso (1995): 1- Realiza sem ajuda e com facilidade; 2- Realiza sem ajuda, mas com algum grau de dificuldade; 3- Realiza com ajuda ou depende dos outros para realizar.

Atividades	1	2	3
Comer e beber	100%		
Lavar o rosto e as mãos	100%		
Ir ao banheiro	100%		
Levantar da cadeira	77%	23%	
Entrar e sair da cama	87%	13%	
Movimentar-se dentro da casa	97%	3%	
Vestir-se	83%	17%	
Tomar banho	100%		
Mover-se fora da casa em terreno plano	93%	7%	
Subir e descer escada	83%	17%	
Cuidar dos pés e unhas	63%	10%	27%
Atividades leves de limpeza da casa	97%	3%	
Preparar jantar	100%		
Preparar café da manhã e almoço	100%		
Arrumar a cama	94%	3%	3%
Lavar e passar roupa	100%		
Fazer compras	100%		
Atividades pesadas de limpeza da casa	100%		

Analisando os resultados concluímos que a capacidade funcional das Acadêmicas da 3IA têm enormes graus de independência e certamente podem está associado à EFG em que estão engajadas há pelo menos 5 anos, que além de todos os benefícios ajuda no processo de envelhecimento funcionalmente autônomo e independente, ocupando seu espaço na sociedade. Isso mostra a importância de se estudar e manter as competências de vida diária nos idosos como meio de aumentar, melhorar ou manter sua qualidade de vida. O educador físico tem uma importância fundamental neste processo assim com nas demais fases do ciclo da vida humana.

Outro estudo que merece destaque é de iniciação científica de Frota, orientada por Puga Barbosa em 2008, Imagem corporal das acadêmicas da 3ª idade adulta na menopausa, participaram 21 acadêmicas da 3IA, com idades entre 45 a 55 anos, as quais responderam entrevista, resultando em:

Categorias	Subcategorias
Identificou estar na menopausa	Calor Amenorreia
Sensações biológicas da menopausa	Dores Ressecamento vaginal
Sensações psicológicas da menopausa	Depressão Irritação
Sensações sociais da menopausa	Relação com o marido
Realidade da menopausa	Pensava que seria pior Nunca parei para pensar em como seria
Corpo na menopausa	Mudança na pele Aumento do peso

Percebemos que houve repercussões biológicas psicológicas e sociais e que não estava sendo tão difícil como pensavam. Itens que menos preocupavam na da Escala de Auto-percepção do Bem-Estar, com 29 itens e 3 pontos de escala tipo Lickert: (A) não sinto isto – 2 pontos; (B) sinto isto de vez em quando – 1 ponto; (C) sinto isto sempre – 0 ponto.

Itens que menos preocupam

Nº	ITENS	A		B		C	
		(f)	(%)	(f)	(%)	(f)	(%)
1	Medo de ficar sozinha	15	71,43	5	23,81	1	4,76
4	Medo de sair sozinha	18	85,71	3	14,29	0	0
10	Depressão	12	57,14	8	38,1	1	4,76
11	Dificuldade para me acalmar	17	80,95	3	14,29	1	4,76
12	Insatisfação com a vida	15	71,43	6	28,57	0	0
13	Sentir que tudo exige muito esforço	12	57,14	9	42,86	0	0
14	Vergonha da aparência	18	85,71	3	14,29	0	0
16	Desistir facilmente das coisas	15	71,43	5	23,81	1	4,76
17	Sentir que não vale a pena	12	57,14	9	42,86	0	0
18	Solidão	17	80,95	4	19,05	0	0
19	Desvalorização de si próprio	17	80,95	4	19,05	0	0
20	Perda do controle da própria vida	18	85,71	3	14,29	0	0
21	Pânico	17	80,95	4	19,05	0	0
24	Pena de si mesmo	19	90,48	1	4,76	1	4,76
25	Infelicidade	17	80,95	3	14,29	1	4,76
26	Perda da independência	15	71,43	5	23,81	1	4,76
27	Perda da autoconfiança	14	66,67	7	33,33	0	0

E os que mais preocupavam:

Itens que mais preocupam

Nº	ITENS	A		B		C	
		(f)	(%)	(f)	(%)	(f)	(%)
2	Medo de ter fraturas	9	42,86	9	42,86	3	14,29
3	Medo de cair	6	28,57	12	57,14	3	14,29
5	Medo de estar doente numa época que poderia estar curtindo	10	47,62	10	47,62	1	4,76
6	Sentir nervoso	5	23,81	13	61,9	3	14,29
7	Mau humor	10	47,62	11	52,38	0	0
8	Irritação	5	23,81	14	66,67	2	9,52
9	Impaciência	7	33,33	12	57,14	2	9,52
15	Frustração	9	42,86	11	52,38	1	4,76
22	Preocupação com doenças	10	47,62	10	47,62	1	4,76
23	Inquietação	10	47,62	10	47,62	1	4,76
28	Perda da concentração	9	42,86	12	57,14	0	0
29	Perda da memória	8	38,1	10	47,62	3	14,29

Concluímos sobre a importância da prática de atividade física como forma de atenuar os sintomas da menopausa, na medida em que proporciona uma sensação de força, controle, satisfação com a vida e aumento da auto-estima.

E agora com vocês Cinco motivos básicos para permanência de gerontes praticando gerontovoleibol durante 10 anos, descritos por Neri e Puga Barbosa: A disciplina anual Gerontovoleibol, na qual os sujeitos permanecem de 3 a 10 anos. O primeiro motivo acontece pela identidade pelo gerontovoleibol, mesmo para aqueles que não tiveram experiência anterior com o voleibol, mas sempre acalentaram o desejo de praticá-lo, nestes é visível um grau de sucesso satisfatório no aprendizado. Outro motivo é o perfil de pessoas com facilidade de relacionar-se, conseguem desenvolver sólida amizade que influencia sua permanência, confirmando o senso coletivo promove a socialização de gerontes. O terceiro motivo é a figura do professor, no aprendizado, na relação de respeito mútuo, criando um vinculo positivo. O professor é o grande motivador, sua postura favorece a assimilação e acomodação da aprendizagem e as relações sociais. O quarto motivo é obtenção da melhoria da condição física é o quarto motivo, que os tornam mais ativos. O gerontovoleibol tornou-se uma modalidade esportiva, desde os I Jogos Olímpicos de Idosos (JOIA) em 1996, objetivando participação e integração com outros grupos, sucesso que levou-nos a realizar outras competições. Observamos que quando eles que percebem ainda neste período da vida são capazes de ganhar uma medalha, isso desperta uma motivação sem precedentes, a ponto de todos afirmarem não possuir o desejo de parar, eis o quinto motivo. Provando assim que não há limites para o homem quando o mesmo possui motivos para viver sempre valorizando sua condição e aceitando-se ainda assim como um ser capaz de realizar tudo aquilo que lhe é proposto, a motivação parece ser o combustível que irá movê-los às suas realizações.

Passamos a relatar sobre os Resultados da experiência da aplicação do triatlo em acadêmicos da 3IA da UFAM, adaptado a gerontes, que foi descrita em evento gerontológica internacional tendo com autores Puga Barbosa, Frota e Chagas. O triatlo se disseminou em todo o mundo, aceitando variações da metragem da cada uma das provas, e é altamente competitivo. Com relação a adaptações a pessoas envelhecentes na meia idade e idosos, não há registros de relatos, o que torna esta experiência da Universidade da 3ª Idade Adulta do Amazonas uma proposta pioneira. Este estudo teve como objetivo investigar como reagiriam os acadêmicos da 3IA da UFAM, fisiológica e psicologicamente a aplicação das 3 provas subsequentes em 3 momentos, ou seja, como se sentem realizando 3 provas. A metodologia caracteriza esta pesquisa como de campo e participante, uma vez que os autores participaram em algumas fases durante a aplicação da pesquisa. O inicio dos procedimentos constou do convite aberto aos acadêmicos da 3IA para participar do Gerontotriatlo de modo piloto. Foi um experimento incipiente com a testagem da proposta das seguintes provas: 25m Natação em piscina com a mesma metragem; 650m de Ciclismo em ciclovia, com a respectiva metragem utilizada, correspondendo a uma volta; e 400m de Corrida em pista oficial, todas instalações da FEFF-UFAM. Todas as provas transcorreram no turno vespertino e foram cronometradas para definição da classificação final, registrada em súmula. Participaram na primeira aplicação: 1 Maior de 60 anos feminino e 4 masculino, na meia idade 4 feminino e 1 masculino. Na segunda aplicação não houve participação dos maiores de 60 anos permaneceram os 4 da meia idade do sexo feminino e 2 masculino. Na terceira aplicação tivemos 1 maior de 60 do sexo feminino e 3 masculino, 5 na meia idade do sexo feminino e 1 masculino. Os resultados indicaram que todos participaram espontaneamente, suas condições fisiológicas permaneceram normais em cada uma das provas e com muita motivação de ter conseguido realizá-las. A prova considerada mais fácil foi o ciclismo pela experiência ao longo da vida e a mais difícil a Corrida de 400m pelos fatores climas e resistência. Concluímos que os acadêmicos da 3IA da UFAM têm capacidade física, psicológica e fisiológica para realizar as 3 provas subsequentes de modo competitivo com a metodologia individual por prova estando entre 45 a 72 anos de idade.

No aspecto social foi realizado um experimento com 6 grupos denominado coirmãos do PÌFPS-U3IA-FEFF-UFAM com o titulo Dinamismo social no envelhecimento, sinteticamente descrito por Puga Barbosa,

Mota, Gomes e Rodrigues: Este estudo reuniu 6 grupos de gerontes na meia idade e idosos, 20 representantes entre professores e idosos, total de 120 pessoas, onde apresentaram 4 mesas com os seguintes temas: Conflitos familiares no envelhecimento na visão do idoso; causas e feitos das posições religiosas no envelhecimento e; causas e efeitos da educação que tivemos. A última mesa constou de uma síntese do que retratava os grupos, com a perspectiva onde estamos e para onde vamos. Esta estratégia permitiu o estudo do dinamismo social do envelhecimento na perspectiva de Bock, Furtado & Teixeira (1995). Os resultados mostraram: a percepção dos participantes aumentada; Aumento do grau de consciência das questões que deveriam enfrentar; Consciência desorganizada pelo conflito de gerações; A comunicação é boa, mas resumida por causa da educação formal opressiva; Atitudes boas e começam a escolher o melhor para eles; Sabem trabalhar em grupo; Se unem para melhorar o comportamento; É recíproca a mudança de atitude de forma lúdica; Mostram crescimento proporcionado pelo grupo; O processo de socialização com maturidade, ajuda o de sensibilização; Há tolerância com a crença religiosa de cada um; Apontam lideranças já definidas por áreas de identificação. Os papeis sociais têm perspectivas comuns de comportamento. Em suma os participantes vocalizaram que querem que o idoso seja respeitado, em qualquer acepção; Fortificam-se no grupo, sozinhos se percebem frágeis; buscam usar ao máximo a oportunidade de participar. Este é um quadro do dinamismo social no envelhecimento em grupos de Educação Física Gerontológica pintado em Manaus.

Ainda no âmbito social foi efetivada a pesquisa O que o idoso precisa além de dinheiro? de Puga Barbosa, Yen Yin, Brasil e Braga descrita sinteticamente: Esta transcorreu antecedendo a realização da III Convenção de Idosos do Amazonas, cujo tema foi: O que o idoso precisa além de dinheiro?. Os sujeitos acadêmicos 3IA indagados sobre o tema categorizados em 5 faixas etárias entre 45 a 80 anos: 75 sujeitos de 44/59, 79 maiores de 60 fracionados em 60/65, 35; 66/70, 16; 71/75, 18 76/80 anos. Os resultados considerando 5 itens de maior freqüência: 45 a 59 anos: amor, saúde, respeito, carinho e atenção; 60 a 65 anos: respeito, saúde, amor, carinho e compreensão; 66/70: saúde, respeito, carinho, amor, compreensão, atenção; 71/75 saúde, carinho, amor, paz, atenção; e 76/80: saúde, amor, compreensão, paz, atenção familiar, respeito. Concluímos que amor, saúde, respeito, carinho e compreensão foram os mais presentes nas diferentes faixas etárias. É um dado importante para que trabalhemos o envelhecimento na ênfase destes sentimentos.

Uma situação aguçou o desafio e o registro no formato de pesquisa denominada Eu no meu corpo ao longo do tempo: o uso das duas peças no banho de praia, por Puga Barbosa, Mota, Silva e Rodrigues, assim descrita: A história familiar é um dos marcos na trajetória da composição das visões psicológica e social do indivíduo, mas não é só isto, o marco educacional também é fantástico. Meu corpo é o meu álbum existencial (Schilder, 1999). Baseando-se nestes fatos, configurou-se o registro desta experiência. Em 2003, durante uma excursão para ilha de Margarita, Venezuela, acadêmicas da 3IA da UFAM observaram que muitas idosas usavam sem qualquer constrangimento as duas peças de banho nas praias visitadas. Isto redundou em comentários junto a professora coordenadora da excursão, a qual desafiou-as a em 2004 retornarem a Margarita estreando suas duas peças de banho. Nosso registro se deu então com 5 acadêmicas que aceitaram tirar fotos e responder uma entrevista filmada, a sexta acadêmica sempre usou o biquíni. Descobrimos que as educações recebidas em seus seios familiares foram determinantes para o não uso das duas peças, embora após o casamento tenha havido estímulo dos maridos ao uso do maiô. Foi unânime o depoimento de estar se sentindo bem com o traje e que também usariam em qualquer outra ocasião e lugar sem ligar para os comentários prováveis de surgirem no contexto social dentro e fora da 3ª. Idade Adulta da UFAM. Uma única que sempre usou biquíni diz que jamais irá deixar de usa-lo, pois se admira de si mesma. Concluímos sobre a favorabilidade da motivação gerada pelo desafio colocado pela professora e na capacidade da EFG em transpor barreiras psicossociais de longas datas entre eu e o meu corpo, o que nos parece um avanço.

Remate

De todos estes anos, considerando os de pesquisas iniciais de 1987e 1988, a implantação em 1993 e toda esta trajetória até 2018, e lá se vão 31 e 25 anos, ou Entre duas e meia a 3 décadas de ativismo em Educação Fisica Gerontológica no Amazonas, nos parece nítido há necessidade de pesquisas, registros em artigos, livros e também há imensa necessidade de investimentos em nossos trabalhos, pois por exemplo viagens a eventos internacionais tivemos que custear, procuramos fazer parcerias sim, mas são limitadas a itens específicos, por outro lado foi extremamente útil a criação de uma associação, AMEGAM (Associação de Motricidade e Estudos Gerontológicos do Amazonas), na qual os investidores são os próprios interessados na sua educação para o envelhecimento, descartando assim o paternalismo.

Mas os resultados são fantásticos e comprovam os diferentes benefícios de caráter Biológico/fisiologico, psicológico e social, da Educação Fisica Gerontológica (EFG) para quem permanece engajado, como comprovados em diferentes registros de pesquisas.

Referencias bibliográficas

Barbosa, R.M.S.; Mota, N. M. Gomes, D.C. y Rodrigues, A. (2004). Dinamismo social no envelhecimento. En Safons, M. y Pereira, M.M. (Orgs.), *Educação fisica para idosos: pro uma pratica fundamentada*. Brasília: Universidade de Brasília.

Baur, R. y Egeler, R. (1983). *Ginástica, jogos e esportes para idosos*. Rio de Janeiro: Ao Livro Técnico.

Bock, A.M.B.; Furtado, O. y Teixeira (1995). *Psicologias – uma introdução ao estudo da Psicologia*, 13 ed. São Paulo: Saraiva.

Castro, A.A. y Puga Barbosa, R.M.S. (2010). *Níveis de qualidade de vida e capacidade funcional em idosos maiores de 70 anos adeptos a educação física gerontológica*. Especialização em Gerontologia Qualidade de Vida Ativa no Desenvolvimento Adulto. Manaus, FEFF-UFAM.

Frota, I. y Puga Barbosa, R.M.S. (2008). *Imagem corporal de acadêmicas da 3ª. Idade adulta na menopausa*. Programa de Bolsas de Iniciação Cientifica UFAM. Manaus.

Mota, N.M. y Puga Barbosa, R.M.S. (2004). Eu no meu corpo ao longo do tempo: o uso de duas peças no banho de praia. En Safons, M. y Pereira, M.M. (Orgs.), *Educação fisica para idosos: por uma pratica fundamentada*. Brasília: Universidade de Brasília.

Neri, J. y Puga Barbosa, R.M.S. (2004). Cinco motivos para permanência de gerontes praticando gerontovoleibol durante 10 anos. En Safons, M. y Pereira, M.M. (Orgs.), *Educação fisica para idosos: por uma pratica fundamentada*. Brasília: Universidade de Brasília.

Puga Barbosa, R. M. S. (2003). *Avaliação da Catexe Corporal dos Participantes do Programa de Educação Física Gerontológica da Universidade Federal do Amazonas*. Doutorado em Educação Fisica, Unicamp, Campinas.

Puga Barbosa, R. M. S. (2003). *Educação Física Gerontológica- Construção Sistematicamente Vivenciada e Desenvolvida*. Manaus: EDUA.

Puga Barbosa, R. M.S. (2000). *Educação Física Gerontológica - Saúde e Qualidade de vida na Terceira Idade*. Rio de Janeiro: Sprint.

Queiroz, S.B. y Puga Barbosa, R.M.S. (2011). *Educação e envelhecimento: um olhar sobre a participação masculina nos grupos de terceira idade de Manaus*. Dissertação de mestrado em Educação, Universidade Federal do Amazonas, Manaus.

Schilder, P. (1999). *A imagem do corpo*. São Paulo: Martins Fontes.

Secord, P.F. y Jourard, S.M. (1954). Body size and body cathexis. *Journal of Consulting Psychology*, *18*(3), 184.

Secord, P.F. y Jourard, S. M. (1953). The appraisal of body cathexis: body cathexis and the self. *Journal of Consulting Phychology*, *17*(5), 343-347.

Tucker, L. A. (1981). Internal structure, factor satisfaction and reliability of the body cathexis scale. *Perceptual and Motor Skills*, *53*, 891-896.

— 4 —
La Educación Física en los programas universitarios para adultos mayores en Brasil

Paola Andressa Scortegagna, Rita de Cássia da Silva Oliveira
y Paula Fernanda Vaz Vieira
(BRASIL – PONTA GROSSA)

Introducción

Brasil, como cualquier país del mundo, está inmerso en el proceso de envejecimiento de su población. A diferencia de los países desarrollados, vivió el impacto del aumento de la cantidad de personas mayores en pocas décadas. Así, este proceso acelerado, sumado a la falta de preparación para la atención (salud, asistencia social, sanidad, seguridad y educación), la implementación deficitaria de políticas públicas y la marginalización del adulto mayor, colocan al país en una condición de fragilidad.

Según la Organización Mundial de Salud (2005), el proceso de envejecimiento de los países en desarrollo comenzó aproximadamente hace tres décadas, situación distinta a la de los países desarrollados, que viven este proceso desde hace alrededor de un siglo, tiempo suficiente para la estabilidad económica y la formulación de políticas y programas para el envejecimiento.

Brasil, a partir de las proyecciones del Instituto Brasileiro de Geografía e Estadística (IBGE, 2013), posee hoy cerca de 26 millones de adultos mayores, lo que corresponde al 13% de la población total. Frente a esta expresiva y creciente cantidad, se hace imprescindible la formulación de nuevas políticas públicas, así como la atención para que las ya existentes sean implementadas y atiendan las demandas de esta población, respetando sus derechos fundamentales y sociales.

Entre los derechos fundamentales de la población brasileña, la Constitución Federal de 1988, apunta en su artículo 5º, que todos son iguales ante la ley, garantizando los derechos a la vida, a la igualdad, a la seguridad y a la propiedad. Sobre los derechos sociales, en el artículo 6º de la Constitución Federal, se destacan el derecho a la educación, a la salud, a la alimentación, al trabajo, a la vivienda, al transporte, al ocio, a la seguridad, a la previsión social y a la asistencia.

Ante el panorama demográfico y del reconocimiento de los derechos fundamentales y sociales, surge la necesidad de replantear el proceso de envejecimiento, la vejez y las condiciones sociales de las personas mayores en la actualidad y para un futuro. Así, resulta fundamental la implementación de programas y políticas públicas orientadas hacia el envejecimiento poblacional.

Surge, entonces, la necesidad de una nueva concepción de vejez, aliada a una identidad social consolidada del anciano, volcada directamente hacia la autonomía y la independencia, fortaleciendo la capacidad del adulto mayor para que continúe activo y tenga papeles sociales definidos (o redefinidos). La independencia y la autonomía posibilitan gestionar la propia vida, tomar decisiones, no dependiendo continuamente del auxilio de otras personas.

A partir de estos condicionantes, es necesario limitar o retrasar la dependencia en el proceso de envejecimiento, fortaleciendo la capacidad activa de la persona mayor. Sin embargo, este hecho se revela como una de las grandes contradicciones de la vejez, pues al mismo tiempo que es necesario que la persona mayor sea activa, él mismo es foco de estigmas, marginalización y prejuicios relacionados con su edad. De esta manera, la Organización Mundial de la Salud (2005: 46) apunta que "un abordaje de envejecimiento activo busca eliminar la discriminación por edad y reconocer la diversidad de las poblaciones de más edad".

Resulta fundamental considerar la capacidad de los sujetos para realizar incontables actividades, independientemente de la edad. Se destaca la importancia de incentivar a los adultos mayores para que se mantengan haciendo actividades, ya sea realizando trabajos formales o informales, participando en diferentes grupos sociales, en programas universitarios, efectuando prácticas corporales, entre otras propuestas.

Al establecer una nueva postura sobre los adultos mayores, valorando sus capacidades, se necesita pensar en procesos educativos y formativos que contribuyan al envejecimiento activo.

Sin embargo, además de la actividad (sea física, social, laboral, educativa o cultural) y de la condición de mantenerse productivo, es fundamental que las personas mayores tengan una postura participativa, actuando en la sociedad. Para esta participación, la educación debe servir como herramienta de empoderamiento, posibilitando que los sujetos tengan más autonomía, sea tanto en la condición individual como en la colectiva, y posteriormente en la social.

De esta manera, este texto aborda algunas reflexiones sobre la Educación Física en la vida del adulto mayor, entendida como un principio educativo, contribuyendo para el envejecimiento activo, como nueva concepción de envejecimiento en la sociedad brasileña.

Envejecimiento activo

Cuando el adulto mayor es considerado como un sujeto capaz de desarrollar actividades y desempeñar nuevos papeles sociales se percibe que la visión sobre la vejez comienza a ser alterada, pues la persona que era percibida como incapaz e inútil, pasa a ser tomada como un agente social.

En los últimos años el perfil demográfico se alteró y la mayor inserción de mayores en espacios públicos no se refiere sólo al aumento de esta población. En el transcurso de las últimas décadas el comportamiento de los adultos mayores viene modificándose, se vuelven cada vez más participativos, debido al deseo de ser cada vez más útiles y de vivir intensamente (Ferrigno, 2005).

Al pensar en un nuevo actor social, la persona mayor alcanza esta representación a partir del momento en que lo encontramos como un adulto mayor activo. De esta manera, "la palabra 'activo' se refiere a la participación continua en las cuestiones sociales, económicas, culturales, espirituales y civiles, y no solamente a la capacidad de estar físicamente activo o de formar parte de la fuerza de trabajo" (OMS, 2005: 13).

El envejecimiento activo, hoy, se revela como una de las propuestas sociales mejor estructuradas para el público mayor, buscando la integración social, por medio de la inserción en diferentes espacios, además del reconocimiento político de este segmento. Los mayores activos, como actores sociales, representan una de las más importantes fuerzas sociales que comienzan a organizarse en esta década.

El envejecimiento activo se caracteriza como "proceso de optimización de las oportunidades de salud, participación y seguridad, con el objetivo de mejorar la calidad de vida a medida que las personas envejecen" (OMS, 2005).

También significa permitir el mantenimiento de la actividad laboral del anciano, buscar alternativas para que haya una ciudadanía activa, con participación constante en las cuestiones políticas, económicas y sociales. Posibilitar a los sujetos que disfruten de buena salud, por medio de acciones orientadas a la mejoría de los programas de salud, con una acción efectiva en relación con la prevención de enfermedades (Comisión Europea, 2012).

Con respecto al envejecimiento activo, hay necesidad de pensar en los diferentes grupos etarios, no restringiendo las demandas al grupo de los mayores. Se hace fundamental la preparación para el envejecimiento y la vejez, a través de procesos formativos formales e informales, considerando las cuestiones culturales y la superación de estereotipos negativos. Define la capacidad del adulto mayor para actuar en diferentes espacios, ya que los círculos sociales tienden a disminuir con el avance de la edad.

Pensar en el envejecimiento activo hoy es una necesidad urgente, que depende de apoyo y acciones planeadas por el poder público. En este sentido, es fundamental pensar en políticas públicas y programas sociales que atiendan a las demandas de los ancianos y proporcionen condiciones para que el proceso de envejecer activamente sea posible. Estas políticas y programas deben promover la autonomía, el bienestar físico y la actuación social. Sin embargo, es un proceso que involucra a toda la población y corresponde a todo el ciclo vital. Paúl (2005) señala que la sociedad tiene la responsabilidad de crear espacios diversificados, seguros y accesibles a las personas mayores, además de posibilitar su participación social y política. Según la misma autora, "la promoción de la vida social, solidaria y voluntaria, el ejercicio de la ciudadanía es una responsabilidad colectiva y un deber y derecho individual" (Paúl, 2005: 284). El proceso de envejecimiento activo depende de una serie de determinantes que envuelven a los sujetos, las familias y la sociedad, que interfieren en la calidad de vida de todos, no sólo en la de los mayores.

Considerando tal premisa, cabe buscar la implementación de políticas y programas que no se basen sólo en la edad cronológica, sino que atiendan a las demandas poblacionales, buscando la calidad de vida de todos los sujetos. De esta forma, se busca superar la distinción de los grupos etarios, con miras a la generalidad y la igualdad de los ciudadanos. Para Assis (2005: 12),

> El envejecimiento activo es una aspiración básica que potencia el vivir y depende, en gran medida, de condiciones sociales y políticas públicas que garanticen derechos básicos de ciudadanía y posibilita prácticas saludables, como alimentación equilibrada, actividad física, uso placentero del cuerpo, inserción social y ocupacional dotadas de significado, ocio gratificante, además del acceso a servicios asistenciales y preventivos. Se trata de metas complejas, en torno a las cuales son necesarios movimientos individuales y colectivos que anuncien y apunten hacia la construcción de un nuevo orden social.

A partir de una visión vuelta hacia la autonomía, la actividad y a la plena participación de las personas mayores, tal concepto permite la configuración de una imagen positiva del anciano, que se contrapone a la visión tradicional que naturaliza la relación entre envejecimiento, aislamiento o enfermedad.

> La palabra "activo" se refiere a una continua implicación social, económica, espiritual, cultural y cívica y destacando la capacidad de mantenerse físicamente activo. Mantener la independencia es

el principal objetivo tanto para los individuos como para los políticos. La salud que posibilita la independencia es el medio para envejecer activamente (Osuna, 2015: 180).

Pensar un envejecimiento activo, en el cual cada vez más adultos mayores estén en condiciones de expresar sus deseos, como también sus dudas y críticas, transforman a la sociedad en una gran construcción colectiva y democrática. Así, no es la edad lo que determina las condiciones o posibilidades de estar integrado al contexto social.

"El ser humano es sociable por naturaleza y la falta de relación es utilizada en todas las edades como un indicador de marginalización y posible desajuste social, origen de conductas negativas para el individuo y la sociedad" (Moragas, 2010: 19). Los adultos mayores, una vez integrados al entorno social y político, tienen menos posibilidades de sufrir con la marginalización, ya que son percibidos como sujetos sociales. Siendo así, esta integración presupone la acción, la actividad y la movilización.

Educación Física: ¿dónde está el adulto mayor?

Al considerarse la importancia de la actividad para la persona mayor, se destacan en este texto aquellas orientadas hacia las prácticas corporales. De modo general, se puede considerar que cuando se trata de mayores, se remite generalmente a las actividades físicas y sus beneficios para la salud. En lo referente a la cuestión de la Educación Física, se percibe un proceso de adaptación de las modalidades deportivas, como por ejemplo: vóleibol, básquetbol, atletismo, natación, entre otros.

De acuerdo con Melo (2009), en la historia de la Educación Física se percibe que la actividad física atraviesa la vida de los sujetos desde sus inicios, desde las cuestiones de supervivencia, pasando por los primeros juegos olímpicos en la antigüedad (competiciones de carrera y lanzamientos, por ejemplo), hasta llegar a nuestros días, con el desarrollo de incontables modalidades deportivas, sean ellas populares o no.

En Brasil, específicamente, la Educación Física recibe mayor influencia durante el periodo de la Dictadura Militar, en la década de 1970. En ese periodo, las prácticas siguen los preceptos del militarismo, aún en las escuelas (Melo, 2009).

Las prácticas en este periodo se volcaron hacia los jóvenes, que tenían que ser fuertes y saludables y, por lo tanto, podrían componer el cuerpo militar. La regulación de la Educación Física fue orientada por principios anatómicos y fisiológicos, buscando el desarrollo del cuerpo, su mantenimiento y mejor funcionamiento de los órganos.

La Educación Física era un componente curricular obligatorio, tanto en las escuelas primarias y secundarias, en los cursos técnicos y superiores.

En consonancia con Oliveira (1998), la Educación Física tenía metodologías específicas y abarcaba un conjunto de ejercicios cuya práctica realizada de forma metódica podría hacer que el hombre alcanzara el más alto grado de perfeccionamiento físico.

Al considerar este periodo, Leonte (1981) afirma que el alumno atribuyó un sentido propio a las actividades del profesor y tales actividades tienen una segmentación dada socialmente y no siempre coinciden con las expectativas de este alumno. Así, la cultura corporal es abordada en la escuela con temáticas sobre la intencionalidad del hombre y de la sociedad en relación con el cuerpo. La finalidad es hacer al cuerpo humano más fuerte, más saludable y también más bonito.

Después del periodo de la dictadura y con el reconocimiento y expansión de los Consejos Regionales de Educación Física, se observa la superación de esta concepción de ejercicios meramente orientados hacia el cuerpo, en términos de desarrollo, mantenimiento y mejoría.

Como la práctica de la Educación Física es obligatoria sólo en la Educación Básica y no hay muchos programas orientados hacia la población en general, buena parte de ella no practica ningún tipo de actividad.

En consonancia con la Investigación Nacional de Muestras de Domicilios del Instituto Brasileño de Geografía y Estadística (IBGE, 2015), menos del 40% de los brasileños practican algún deporte o práctica corporal, o sea, alrededor de 61 millones de personas con 15 años o más. Entre los adultos, uno de los motivos para no realizar prácticas corporales es la falta de tiempo. Las modalidades deportivas más practicadas son el fútbol y la caminata.

Aunque esta cifra permanezca baja, de acuerdo con el Ministerio de la Salud, las investigaciones revelaron que hubo un aumento del 11% en la realización de prácticas corporales entre 2009 y 2013 (MS, 2014).

Sin embargo, no hay estadísticas sobre los adultos mayores que indiquen el porcentaje que realiza prácticas corporales regularmente.

Cabe destacar que el propio Ministerio de la Salud, en la última década, invirtió en programas orientados hacia la realización de prácticas corporales, como el Programa Academia da Saúde (Gimnasio de la Salud), lanzado en 2011, que inserta gimnasios al aire libre en puntos estratégicos de las ciudades, desde plazas al aire libre hasta espacios estructurados, que ofrecen actividades en ambiente cubierto (dependiendo de la característica del gimnasio). El programa en su creación también prevé un cuadro de personal calificado para la orientación de las prácticas corporales (MS, s/d).

Se observa que en estos espacios muchas personas de diferentes edades desarrollan algún tipo de práctica corporal.

Las críticas a este programa se refieren básicamente a la poca o inexistente orientación y acompañamiento en la conducción de la actividad por parte de profesionales entrenados para realizar el programa. El desempeño de prácticas corporales sin orientación o comprensión del movimiento a ser realizado puede ser perjudicial para la salud, en todas las edades, aún para los mayores.

En este sentido, es importante siempre destacar la figura del profesional de Educación Física, que acompañará, verificará cuáles son las actividades más adecuadas y monitoreará el desempeño del sujeto.

En relación con los adultos mayores, una práctica corporal pensada y bien ejecutada trae grandes beneficios a la salud. No se puede afirmar que no hay Educación Física para los adultos mayores, pero, como las prácticas están restringidas a las adaptaciones y muchas veces no se tiene acceso, sea por cuestiones financieras o de preferencia, la opción se orienta hacia las actividades físicas de tipo general sin supervisión.

Para la Organización Mundial de la Salud (2010), las recomendaciones sobre la realización de prácticas corporales para personas mayores incluyen: actividades recreativas y/o actividades de ocio, que pueden ser en la forma de viajes, caminatas o uso de la bicicleta; actividades ocupacionales, para ancianos que aún desarrollan algún tipo de trabajo; y actividades domésticas, deportes, juegos y ejercicios, lo que puede ser hecho en familia o en la comunidad.

Teixeira y Batista (2009) afirman que una de las alternativas de prácticas corporales para adultos mayores es el entrenamiento resistido (entrenamiento de fuerza, voluntariamente activado con músculos específicos contra resistencia externa: pesos, elásticos, resortes y equipamientos), lo que contribuye a la adquisición de fuerza. Las actividades deben comenzar con entrenamiento de bajo impacto e intensidad, fácil de realizar y de corta duración, considerando que la persona mayor puede presentar poca o ninguna condición física y también puede tener limitaciones físicas. "En el envejecimiento se vuelve útil y necesario, como en otras edades, el mantenimiento del tono muscular como prevención de accidentes, como garantía para el desempeño de las Actividades Básicas de la Vida Diaria (ABVD)" (Mota y Barbosa, 2007: 58).

De acuerdo con Berdejo (2009) *apud* Osuna (2015), el desempeño de las prácticas corporales trae algunos beneficios para los mayores. Estos están organizados en tres grupos: psicológico, social y físico.

Contribuyen para cambios de corto y largo plazo; reducir el estrés y la ansiedad; mejora el humor; contribuye a la relajación; mejora la salud mental y la función cognitiva; aumenta el aprendizaje de habilidades; contribuye para un mayor control motor y bienestar (Osuna, 2015).

Sobre los cambios en el ámbito social, están: la mayor integración y relaciones sociales; ampliación de las amistades; integración a nivel global; mejora de las relaciones personales a nivel intergeneracional. Sobre los cambios físicos, podemos señalar: mejora de la actividad hormonal;

baja de los niveles de glucosa; mejora del sueño; mejora de la capacidad cardiovascular y aumento de la resistencia; mayor fuerza muscular; contribución para desarrollar tanto la coordinación como el equilibrio; mejora la flexibilidad, tanto en la elasticidad muscular como en la movilidad articular (Osuna, 2015).

Además de eso, posibilita el aumento de la longevidad, con calidad de vida para la tercera edad. Así, colabora para superar las evidencias que apuntan que el sedentarismo es un gran factor de riesgo de morbilidad y mortalidad durante el proceso de envejecimiento (Cobra, 2003). "La inactividad física es uno de los factores de riesgo más importantes para las enfermedades crónicas, asociadas a la dieta inadecuada y uso del tabaco. Es bastante prevaleciente la inactividad física entre los adultos mayores" (Brasil, 2006, p. 21).

Según el Cuaderno de Envejecimiento y salud de la persona mayor, (Brasil, 2006),

> la persona que deja de ser sedentaria disminuye en 40% el riesgo de muerte por enfermedades cardiovasculares y, asociada a una dieta adecuada, es capaz de reducir en 58% el riesgo de progresión de la diabetes tipo II, demostrando que un pequeño cambio en el comportamiento puede provocar una gran mejora en la salud y calidad de vida (Brasil, 2006: 22).

Uno de los grandes beneficios asociados a la realización de prácticas corporales en la adultez mayor se refiere al hecho de que generalmente los ancianos están en grupo, lo que les permite interactuar y disminuir la soledad. Se percibe también que entre los ancianos hay un más pequeño distanciamiento durante las prácticas, con una competitividad ampliada, generando gran motivación. Cuando el adulto mayor disminuye su aislamiento social a través de estas prácticas, mantiene o mejora su aptitud física (Cruz, 2013).

Entre las prácticas corporales más comunes se observan: caminata, ciclismo o el simple pedalear de la bicicleta, natación, aquagym, danza, yoga, tai chi chuan, entre otras (Brasil, 2006).

La caminata es la actividad que mayormente se destaca, pues es accesible a todos y no requiere habilidad especializada. Se recomienda andar en lugares planos y prestar atención a la temperatura y a la humedad, manteniendo siempre la hidratación (Brasil, 2006).

De esta manera, es importante proponer acciones para concientizar al adulto mayor de que continuar en movimiento es fundamental para su cotidiano, pues colabora con su salud, influyendo en el envejecimiento y muchas veces sobre su limitación funcional.

La persona mayor precisa ser estimulada en varias áreas, por la familia y la comunidad, a través de orientaciones médicas y de programas que el gobierno propone para la realización de prácticas, en grupo o individuales.

En general, muchos de los proyectos donde se realizan las prácticas corporales están presentes en centros comunitarios, unidades básicas de salud, iglesias y universidades brasileñas.

Podemos resaltar aquellos proyectos desarrollados en las Facultades de Educación Física, como es el caso del Grupo de Estudios e Investigaciones sobre actividad física para adultos mayores de la Facultad de Educación Física de la Universidad de Brasilia, que además de desarrollar investigaciones sobre la temática, posee el programa de extensión de acción continua de prácticas corporales para adultos mayores.

Con relación a los estudios sobre Educación Física y Envejecimiento, sólo hay registro de un grupo de investigación en el país, llamado Grupo de Investigación en Educación Física, Deporte Escolar y Envejecimiento, en la Universidad Federal de Santa María.

Además de las acciones, también en las Universidades Abiertas para la Tercera Edad (UATIs), entre sus actividades, proponen la realización de prácticas corporales como componente de envejecimiento activo, saludable y participativo.

De acuerdo con Binotto (2013: 81), "las acciones realizadas por las Universidades Abiertas para la Tercera Edad ganan significado e importancia y se consolidan como un espacio para estimular y concientizar sobre la importancia de la práctica de ejercicio físico regular".

No hay registro de todas las prácticas corporales desarrolladas en las Universidades Abiertas para la Tercera Edad en Brasil. Se apuntan elementos mostrando la importancia de estas actividades para el adulto mayor, desde las cuestiones relativas a la mejoría de la calidad de vida, hasta los aspectos psicosociales.

A continuación, será presentado el Programa de la Universidad Abierta para la Tercera Edad, de la Universidad Estadual de Ponta Grossa/Paraná/Brasil, que es el primer programa de extensión de esta naturaleza en una institución pública en el país, el cual inició sus actividades en 1992.

Universidade Aberta para Terceira Idade – UATI/UEPG (Universidad Abierta para la Tercera Edad)

La Universidad Abierta para la Tercera Edad (UATI) de la Universidad Estadual de Ponta Grossa (UEPG) es un programa de extensión universitaria con actividades ininterrumpidas desde 1992 y con cerca de seiscientos alumnos matriculados.

El programa de la UATI está constituido por dos cursos: Curso de la Universidad Abierta para a Tercera Edad, que está en la 27ª Promoción (2018), para alumnos nuevos, con duración de un año y medio; Curso de la Universidad Continuada para la Tercera Edad, que está en su 25ª promoción, para los alumnos que ya concluyeron el Curso de la UATI. También hay proyectos: periódico de la UATI, huerta y contadores de historias.

El criterio para el ingreso en el Curso de la UATI es ser adulto mayor y alfabetizado. En este curso, el alumno mayor tiene una clase teórica obligatoria, todos los lunes, en el periodo vespertino, sobre temáticas referentes al derecho, salud, turismo, pedagogía, economía, cultura, diversidad, entre otros. Estas clases acontecen durante los dos primeros semestres. En el tercer semestre lectivo, los alumnos realizan los lunes, las prácticas de inserción comunitaria, por medio de proyectos realizados en instituciones escolares, de salud y comunitarias.

Además de esta materia obligatoria, el alumno anciano tiene la posibilidad de escoger dos asignaturas de entre las veinte ofertadas y distribuidas entre los días de semana, por la mañana o por la tarde. Se trata de materias de carácter optativo.

Dichas asignaturas optativas, junto con las obligatorias, están distribuidas entre cuatro ejes de acción: Educación, cultura y arte; Educación Física, deporte y ocio; Derecho, empoderamiento y ciudadanía; Salud, nutrición y calidad de vida. Las materias optativas son: elongación y relajamiento, artesanías, actividad deportiva, caminata, contadores de historias, danza circular, danza de salón, español, francés, aquagym, informática, inglés, line dance, natación, pilates de piso, pintura en tela, coro, tai chi chuan, teatro y yoga. La matrícula es anual.

El criterio para ingresar en el Curso de la UCTI es haber concluido el Curso de la UATI. Este alumno podrá participar del programa, eligiendo sus disciplinas. Ya no tiene asignaturas obligatorias. Así, elige entre las optativas cuántas y cuáles cursar.

Las prácticas corporales tienen gran importancia en el Programa de la UATI, pues está representada por once materias optativas diferentes. El objetivo, a partir de la rutina diaria de actividades no es transformar al mayor en un atleta, sino incentivarlo a mantenerse activo y cambiar el estilo de vida sedentario por un estilo más saludable.

Las clases orientadas al desarrollo de prácticas corporales son adaptadas a las demandas y necesidades del adulto mayor, pero no tiene restricción de edad, ya que el Programa de la UATI tiene alumnos de entre 60 y 92 años.

En este sentido, la UATI, que tiene como fundamento la educación permanente, se preocupa con la atención global del alumno a través del desarrollo de todas sus habilidades. Aliadas a la concepción educacional, las prácticas corporales integran y contribuyen con la mejora de la calidad de vida, asociada a la inserción en grupos, lo que favorece la participación y la elevación de la autoestima.

A partir de la matrícula del año lectivo 2018, se computaron un total de 467 alumnos de la UATI. Cerca del 78% eligieron por lo menos una práctica corporal semanal (algunos optan por dos o más).

A lo largo de los años, a partir de registros de alumnos que están matriculados y de las actividades que eligen, se puede decir que la práctica corporal representa más que bienestar, es posible observar cambios significativos en los patrones físicos y la capacidad aeróbica y anaeróbica, además del desarrollo del tono muscular.

Este dato fue resaltado por una profesora de Educación Física que compone el cuadro de profesores de la UATI. La docente relata que en la actividad de la caminata algunos alumnos tenían mucha dificultad para conseguir concluir un recorrido de 1 km, en un tiempo de 40 minutos. Pero, a pesar de las limitaciones comunes al proceso de envejecimiento, y con un trabajo continuo y actividad frecuente, hay una disminución del tiempo y un aumento del trayecto recorrido. A finales del año 2017, algunos alumnos consiguieron alcanzar la marca de 4 km en 45 minutos, antecedidos de calentamiento y finalizados con elongación. En este grupo, hay aún dos alumnos, un hombre y una mujer, que ampliaron sus habilidades e iniciaron la participación en carreras callejeras y están consiguiendo premios en las competiciones.

Como explica Moragas (2010: 53), "mucha gente se sorprende al comprobar que personas jubiladas desempeñan prácticas corporales e intelectuales con plena efectividad. Un prejuicio ampliamente difundido asocia el término de la vida profesional con la inactividad personal y social y enfermedades en general". Así, a partir del relato de la profesora y de los dichos del autor, ponderamos que muchas veces el prejuicio en relación con la incapacidad es más difundido del que la valorización del anciano como sujeto capaz de desempeñar actividades de diversos órdenes, inclusive el físico.

Además del ejemplo de la materia de caminata, los alumnos de actividad deportiva tienen la oportunidad de participar de olimpíadas internas y externas, con modalidades deportivas adaptadas, que promueven la socialización y la integración del adulto mayor, así como la práctica del deporte.

De entre los alumnos que están matriculados en la UCTI hace más de tres años y que frecuentan clases de prácticas corporales en la UATI, fueron seleccionados veinticinco para presentar un relato sobre la importancia de la práctica corporal, los cambios y las contribuciones. El resultado se encuentra en el cuadro de abajo:

Cuadro 1: Importancia del ejercicio físico

¿Realizaba ejercicio físico antes de entrar en la UATI?	¿Realiza ejercicio físico? ¿Cuantas veces por semana?	El ejercicio físico ¿contribuye para la mejora de la calidad de vida?	¿Usted sintió cambios físicos o psicológicos a partir de la realización de ejercicio físico?	¿Pretende continuar realizando ejercicio físico?
Sí – 6 (24%) No – 19 (76%)	1 vez – 5 (20%) 2 veces – 8 (32%) 3 veces – 7 (28%) 4 veces – 5 (20%)	Sí – 25 (100%)	Sí – 22 (88%) No – 3 (12%)	Sí – 25 (100%)

Fuente: Datos elaborados a partir de los relatos.

A partir de los datos del cuadro y en relación con las declaraciones de los alumnos (identificados sólo por número, garantizando su anonimato), se pueden destacar los siguientes relatos:

- Alumno 01: Entrar a la UATI y poder hacer un ejercicio físico me ayudó mucho. Hoy siento menos dolores en la espalda y piernas y me siento más dispuesta.
- Alumno 07: Yo percibí que mi calidad de vida cambió cuando fui a jugar con mis nietos y no me cansé. Antes no ni podía correr, ahora acompaño a los chicos. ¡Eso es fantástico!
- Alumno 14: Cuando yo llegué a la UATI, la profesora siempre decía que tenía que hacer un ejercicio físico por lo menos tres veces a la semana. Al comienzo fue difícil, porque yo no creía en eso, pero ahora entendí cuánto me ayuda e indico para todas mis amigas: ¡vayan para natación y hagan caminata!
- Alumno 23: El ejercicio físico no es bueno sólo para el cuerpo, es muy bueno para la cabeza también. Antes estaba triste, me quedaba sola en mi casa y yo ya sabía que la vida había acabado. Pero ahí mi vecina entró a la UATI y me llamó. Yo vine y descubrí que aquí es todo muy bueno. Hago muchas cosas, tengo amigas de la hidro y me gusta mucho sentirme bien. Creo que todo el mundo tendría que venir para la UATI.

A partir de estos relatos se puede afirmar que la UATI/UEPG es un espacio privilegiado para que el adulto mayor realice ejercicios físicos y obtenga sus beneficios de modo significativo. Contribuyen a la mejora de la calidad de vida, y al mismo tiempo los movimientos son estimulantes para la musculatura, amén de promover la socialización.

Consideraciones finales

A partir de las reflexiones apuntadas en este texto, se observó que la Educación Física para el adulto mayor en Brasil aún no es un área con desarrollo significativo. Sólo busca trabajar con la adaptación de modalidades deportivas y considera la declinación física, sin tener en cuenta que esta etapa no es necesariamente un sinónimo de declinación y dificultades físicas.

Así, la realización de prácticas corporales gana espacio para la persona mayor, al posibilitar que ésta las ejecute, y que no necesitan sólo ser adaptadas, sino pensadas y orientadas exclusivamente para personas mayores. Cuando el adulto mayor percibe que no es sólo un sujeto más que está realizando una práctica corporal, se siente estimulado para mantener una rutina de ejercicios, lo que trae beneficios para su salud y en consecuencia la mejoría de su calidad de vida.

El adulto mayor, al participar activamente de una rutina de ejercicio físico, desarrolla tanto su condición física (muscular, por ejemplo) como su condición psicológica y social. La interacción con los compañeros, atravesada por la participación, estimula al sujeto para la realización de nuevas actividades, integrándolo, elevando su autoestima, ampliando su círculo de amistades, realizando nuevas actividades e insertándolo en diferentes espacios. Todo ese cambio se refleja en la materialización del envejecimiento activo, que no se limita al adulto mayor que realiza una actividad, sino que amplía sus posibilidades y muestra que él puede ser protagonista de su vida.

En consonancia con esta perspectiva, las Universidades Abiertas para la Tercera Edad en Brasil contribuyen a la superación de la marginalización y de los prejuicios que están presentes en la vejez, posibilitando a la persona mayor un nuevo mirar sobre la tercera edad, no sólo como una etapa biológica y cronológica de la vida, sino como un momento de desarrollo, conquistas y superación del aislamiento. Las prácticas corporales dentro de las UATI reflejan los objetivos de estos programas de extensión, a la vez que contribuyen con el envejecimiento activo.

Referencias bibliográficas

Assis, M. (2005). Envelhecimento ativo e promoção da saúde: reflexão para as ações educativas com idosos. *Revista APS*, *8*(1), 15-24.

Binotto, M. A. (2013). Atividade física e envelhecimento humano. En Cury, M. J. F.; Oliveira, R. C. S.; Coenga, R. E., *As interfaces da velhice na pós-modernidade*. Cascavel: UNIOESTE.

Brasil, Ministério da Saúde (2006). Envelhecimento e saúde da pessoa idosa. Brasília: Ministério da Saúde.

Brasil (1988). Constituição Federal de 1988. Brasília.

Brasil (2003). Lei 10.793 de 1º de dezembro de 2003. Brasília.

Cobra, N. (2003). *A semente da Vitoria*. São Paulo: SENAC.

Comissão Europeia (2012). *A contribuição da EU para o envelhecimento ativo e solidariedade entre gerações.* Luxemburgo: Serviço das Publicações da União Europeia.

Cruz F. (2013). *Educação física na terceira idade na teoria e na pratica.* São Paulo: Ícone.

Ferrigno, J. C. (2005). Ação cultural e terceira idade. *A Terceira Idade, 16*(32), 24-35.

IBGE (2013). Projeção da população do Brasil por sexo e idade para o período 2000-2060. Diretoria de Pesquisas. Coordenação de População e Indicadores Sociais. Gerência de Estudos e Análises da Dinâmica Demográfica. Brasília: IBGE.

Melo, V. A. (2009). *História da educação física e do esporte no Brasil.* São Paulo: IBRASA.

Ministério da Saúde, Brasil. Pesquisa revela aumento na prática de atividades físicas. Brasília: Portal Brasil, publicado em 30/07/2014. Disponível em: [http://www.brasil.gov.br/saude/2014/05/pesquisa-revela-aumento-na-pratica-de-atividades-fisicas].

Ministério da Saúde, Brasil. Programa Academia da Saúde. Brasília. Disponível em: [http://dab.saude.gov.br/portaldab/ape_academia_saude. php].

Moragas, R. M. (2010). *Gerontologia social.* São Paulo: Paulinas.

Mota, N. M. y Barbosa, R. M. S. P. (2007). *Dança gerontológica: da dança educacional, à dança espetáculo.* Manaus: EDUA.

Oliveira, A. B. (1998). Educação Física no Ensino Noturno de 2 Graus: um estudo participativo. Tese. Universidade Estadual de Campinas.

OMS/WHO. Physical Activity and Older Adults: Recommended levels of physical activity for adults aged 65 and above. 2010. Disponível em: [http://www.who.int/dietphysicalactivity/factsheet_olderadults/en].

Organização Mundial de Saúde (OMS). *Envelhecimento ativo: uma política de saúde.* Brasília: Organização Pan-Americana da Saúde.

Osuna, D. C. (2015). La actividad física en el envejecimiento activo. En Portal Martínez, E; Arias Fernández, E. y Lirio Castro, J., *Gerontología social y envejecimiento activo.* Madrid: Editorial Universitas.

Paúl, C. (2005). Envelhecimento activo e redes de suporte social. *Revista Sociologia, 15,* 275-287.

Teixeira, T. G. y Batista, A. C. (2009). Treinamento físico para idosos vulneráveis: uma revisão sobre as estratégias de intervenção. *Motriz, 15*(4), 964-975.

— 5 —
Educación Física en adultos mayores en Chile: perspectiva histórica y desafíos futuros

Rodrigo Alejandro Yáñez-Sepúlveda, Josivaldo de Souza Lima
y Marcela Paz Cañete Delgado
(CHILE)

Introducción

La Educación Física puede contemplarse como un concepto amplio que trata de desarrollo y la formación de una dimensión básica del ser humano, el cuerpo y su motricidad. Dimensión que no se puede desligar de los otros aspectos de su desarrollo, evolución-involución. Por lo tanto, no se debe considerar que la Educación Física está vinculada exclusivamente a unas edades determinadas ni tampoco a la enseñanza formal de una materia en el sistema educativo, sino que representa la acción formativa sobre unos aspectos concretos a través de la vida del individuo, es decir, constituye un elemento importante del concepto de Educación Física continua de la persona (Sánchez Bañuelos, 1996). En Chile históricamente la Educación Física se ha visto influenciada por los procesos históricos que ha vivido el país (Cornejo, Matus y Vargas, 2011); los antecedentes que existen en relación con la historia de la Educación Física en Chile, además de escasos, son un claro ejemplo de cómo el proceso de aprendizaje y el rol social de la disciplina se han asociado, casi exclusivamente, al ámbito deportivo, estableciéndose una relación directa y acrítica entre deporte y educación (Poblete, Moreno y García, 2014). Bajo este escenario histórico, el desarrollo de la Educación Física en el adulto mayor presenta principalmente un enfoque clínico curativo por sobre un enfoque formativo integral. En Chile, "el envejecimiento es el resultado de una tendencia persistente de disminución de las tasas de fecundidad y aumento de la esperanza de vida. Este cambio demográfico se ha traducido en un número y porcentaje crecientes de personas de más de 60 años. En los próximos años el número de personas mayores superará al de jóvenes" (OMS, 2002). El envejecimiento es un proceso inherente a la vida humana, el cual constituye una experiencia única, heterogénea y su significado varía dependiendo de la connotación que cada cultura haga de él (Alvarado y Salazar, 2014), afecta prácticamente a todas las especies existentes en nuestro planeta (Pérez y Sierra, 2009) y está influido por "los cambios que se producen en el ser humano con el paso del tiempo y que conducen a un deterioro funcional y a la muerte" (Bazo, 1998).

Entre 2015 y 2050, el porcentaje de los habitantes del planeta mayores de 60 años llegará al 22%" (OMS, 2015), pasando de 600 millones a casi 2.000 millones de adultos mayores. Ese incremento será mayor y más rápido en los países en desarrollo (OMS, 2002). En Chile, las personas viven diez o más años que en 1920; los grandes cambios sociales y económicos verificados a partir de la segunda mitad de este siglo han contribuido a la modificación del perfil demográfico. Del año 2011 a 2013 hubo un incremento en el índice de envejecimiento de 9,3% (SENAMA, 2015). En 1990 habían 35,4 personas mayores por cada 100 menores de 15 años, en 2006 paso a 55,8 y ya en 2015 paso a 86,0 personas mayores por cada 100 menores de 15 años; actualmente la distribución de los adultos mayores es de 57,3% de mujeres y un 42,7% de hombres (CASEN, 2015). De acuerdo al Servicio Nacional del Adulto Mayor, hay 2,6 millones de personas sobre 60 años, que corresponde al 15,6% de la población y la esperanza de vida es de 83 años para las mujeres y de 77 años para los hombres. Se proyecta que en el año 2025 la cifra de adultos mayores en Chile alcanzará el 20,4% (SENAMA, 2012). Chile es el segundo país más envejecido de América Latina y en 2025 será el más envejecido de la región (CASEN, 2015). En el año 2017 el segmento de edad entre 54 y 64 años presentó un 93% de sedentarismo, mientras que las personas de 65 o más años mostraron un 94% de sedentarismo (SENAMA, 2012). En el adulto mayor chileno el interés por la práctica de ejercicio y/o deporte es de un 15,8% (Ministerio del Deporte, 2016). En lo que concierne a las normativas e institucionalidad en Chile, se crea en el año 2002 una política pública integral de envejecimiento activo (Ley 19.828) que depende del Ministerio de Desarrollo Social y es ejecutada por el Servicio Nacional del Adulto Mayor. El objetivo del Servicio es "fomentar el envejecimiento activo y el desarrollo de servicios sociales para las personas mayores, cualquiera sea su condición, fortaleciendo su participación y valoración en la sociedad, promoviendo su autocuidado y autonomía, y favoreciendo el reconocimiento y ejercicio de sus derechos; por medio de la coordinación intersectorial, el diseño, implementación y evaluación de políticas, planes y programas" (SENAMA, 2012). Esta política vigente hasta 2025, propone proteger la salud funcional de las personas mayores, mejorar su integración en los distintos ámbitos de la sociedad e incrementar sus niveles de bienestar subjetivo. Estos objetivos se relacionan directamente con la posibilidad de vivir el envejecimiento y la vejez como un proceso en el que caben nuevas posibilidades de desarrollo y autonomía (Condeza et al., 2016). El gobierno busca el envejecimiento positivo como un proceso demográfico con oportunidad para fomentar las condiciones que hagan de los mayores personas saludables, integradas y felices, de manera de generar una imagen cultural de la vejez positiva. El objetivo de la política se basa en lograr que las personas mayores permanezcan autovalentes el mayor tiempo posible, puedan pasar más tiempo viviendo con sus familias y que el menor número posible termine en un Establecimiento de Larga Estadía para Adultos Mayores (SENAMA, 2015).

En base a las leyes relacionadas con la Educación Física en el adulto mayor, el primer acercamiento concreto es en base a la Ley 19.712 (Ley del Deporte) promulgada el 30 de enero de 2001; esta ley regía los aspectos legales relacionados con el deporte en todas las etapas de la vida. En el artículo 2° se señala que es deber del Estado crear las condiciones necesarias para el ejercicio, fomento, protección y desarrollo de las actividades físicas y deportivas, estableciendo al efecto una política nacional del deporte orientada a la consecución de tales objetivos. El Estado promoverá las actividades anteriores a través de la prestación de servicios de fomento deportivo y de la asignación de recursos presupuestarios, distribuidos con criterios regionales y de equidad, de beneficio e impacto social directo, que faciliten el acceso de la población, especialmente niños, adultos mayores, discapacitados y jóvenes en edad escolar, a un mejor desarrollo físico y espiritual. En la Ley 19.712 no se considera la Educación Física como parte del plan de acción; allí se identifica el desarrollo del deporte en cuatro modalidades: formación para el deporte, deporte recreativo, competitivo y de alto rendimiento (Ministerio del Interior, 2001). En el año 2013 la Educación Física comienza a visualizar un desarrollo a nivel legislativo en Chile con la creación del Ministerio del Deporte por medio de la Ley 20.686/2013, siendo uno de sus principales propósitos el proveer a esta entidad de la relevancia política y social que demanda la actividad deportiva. El año 2016 se moderniza la Ley 19.712 y se crea la Política Nacional de Actividad Física 2016-2025, que propone que "la actividad física y el deporte se reconocen como derechos humanos, ya que ambos son parte esencial de la formación integral del ser humano, conectando a los individuos con el ambiente físico y psicosocial, durante todo el ciclo de vida" (Ministerio del Deporte, 2016, p. 20). En este contexto, "la oferta de Educación Física, actividad física y deporte de calidad es esencial para realizar plenamente su potencial de promoción de valores como el juego limpio, la igualdad, la probidad, la excelencia, el compromiso, la valentía, el trabajo en equipo, el respeto de las reglas y las leyes, la lealtad, el respeto por sí mismo y por los demás participantes, el espíritu comunitario y la solidaridad, así como la diversión y la alegría" (Ministerio del Deporte, 2016, p. 14). La política actual en Chile señala que la práctica de actividad corporal y deportiva es un derecho fundamental, y que el Estado debe garantizar el acceso igualitario, inclusivo y no discriminatorio a todas sus políticas, planes y programas públicos. En la ley actual se considera la Educación Física como parte de ese derecho, recordemos que la Educación Física busca una educación integral en el adulto mayor (ser, conocer y hacer). Históricamente las políticas no han tenido en cuenta lineamientos referidos a la Educación Física en el adulto mayor; en este sentido, la política actual contempla el desarrollo de la Educación Física en adulto mayor pero desde un enfoque único de la práctica de ejercicio y deporte, no como un enfoque de Educación integral. En cuanto a la participación de los adultos mayores, se busca desarrollar instancias para la práctica de actividades corporales y deportivas orientadas a grupos específicos, considerando intereses y particularidades fisiológicas, culturales, socioeconómicas y de género, entre otras (Ministerio del Deporte, 2016, p. 119). En definitiva, nos encontramos con un incipiente desarrollo de políticas públicas específicas para el fomento de la Educación Física en el adulto mayor en Chile.

Desarrollo

Estudios e investigaciones con adultos mayores en Chile

En Chile, históricamente no existía una política de Educación Física específica en el adulto mayor hasta que se crea la Política Nacional de Actividad Física y Deporte 2016-2025. Antecedentes previos dan cuenta de la existencia de una cultura deportiva caracterizada por una alta valoración del deporte como espectáculo y también como un componente constitutivo de un entorno social (o residencial) idóneo, pero por una escasa inclinación individual hacia su práctica regular y sistemática (Ministerio del Deporte, 2016, p. 14).

Los estudios muestran que son muchos los beneficios que el ejercicio produce en la salud y calidad de vida de los adultos mayores (Nelson et al., 2007; Chodzko-Zajko et al., 2009). Las investigaciones específicas sobre Educación Física en el adulto mayor son escasas e históricamente han tenido un enfoque clínico. En este sentido se ha visto una relación positiva entre la condición física, la mortalidad y la calidad de vida relacionada con la salud (Guede et al., 2017, p. 60; Landínez et al., 2012): los adultos mayores activos presentan menor comorbilidad y discapacidad con aumento del equilibrio (Loyola et al., 2017, p. 1); mejoras en la sección transversal de músculo, fuerza (Englund et al., 2017); mejor rendimiento funcional, velocidad y altura máxima del salto, torque máximo isométrico de los extensores de rodilla y calidad de vida (Conlon et al., 2017, p. 1181: Ramírez-Campillo et al., 2016, p. 1801); mayor nivel de fuerza en extremidades inferiores y capacidad aeróbica, lo que mejora la autonomía y los desplazamientos (Rybertt et al., 2015); mejoras en las funciones motoras y cognitivas (Levin et al., 2017); disminución en el deterioro cognitivo tanto en el envejecimiento saludable y las condiciones patológicas relacionadas con la edad (Martins et al., 2011; González-Palau et al., 2014; Chapman et al., 2016); disminución de incidencia de cardiopatía coronaria, hipertensión, accidentes cerebrovasculares, diabetes tipo 2, depresión, un mejor funcionamiento de sus sistemas cardiorrespiratorio y muscular, y una mejor masa y composición corporal (OMS, 2017); mejora en el IMC, presión arterial y glicemia (Salinas et al., 2005).

La mejoría de la calidad de vida de los adultos mayores se debe en gran medida a los avances científicos, como la medicina, la Educación Física, el deporte y la recreación. Actividades que han despertado gran interés del gobierno, lo que se ha concretado con la creación de planes y programas, apuntando a incentivar al grupo de personas adultas mayores a ser parte de diferentes tipos de actividades (MINSAL, 2008). "La persona mayor que realiza actividades con frecuencia muestra un patrón abierto a la vida a la hora de afrontar la vejez, creyéndose valiosa y capaz, sintiéndose bien consigo misma y con los demás" (Reig, 2004).

En Chile se han validado los estándares de aptitud física que deben tener los adultos mayores para evitar la caída de la funcionalidad alta (independencia física total) y para evitar la baja funcionalidad (alto nivel de dependencia física) (Merellano et al., 2017). También se validó la Escala Internacional de Fitness (Merellano et al., 2017) y el Inventario de Envejecimiento Exitoso también se consideró como un instrumento confiable y adecuado que se puede utilizar en adultos mayores chilenos (Gallardo et al., 2017). En cuanto a las intervenciones, se ha visto una baja adherencia a los programas de ejercicio físico con un 43% (Dangour et al., 2011, p. 1) y un 42,6% (Garmendia et al., 2013, p. 466). Con el fin de mejorar la efectividad de las intervenciones de ejercicios comunitarios, las estrategias para mejorar la participación deben estar dirigidas a adultos mayores de áreas desfavorecidas y aquellos con condiciones psicológicas y médicas. Una de las políticas que se pueden aplicar en este sentido se basa en el uso de tecnología sobre todo en adultos mayores no autovalentes: se han visto efectos positivos y mayores niveles de adherencia con el uso de medios tecnológicos como juegos, etc. (Valenzuela et al., 2018).

Características de los programas de Educación Física para adultos mayores

En entrevistas realizadas a profesores de Educación Física que trabajan con adultos mayores en Chile se recopiló información importante en cuanto a las clases y sus características. Las sesiones semanales aplicadas por los profesores de Educación Física principalmente tienen un enfoque clínico y generalmente consideran una frecuencia de tres a cuatro veces por semana, con un tiempo de duración aproximado de 50 a 60 minutos por sesión. En el tipo de ejercicios o intervención predominan ejercicios aeróbicos, con ejercicios de resistencia, funcionales, de equilibrio y flexibilidad. La distribución se realiza de manera grupal con personas de ambos sexos, subdivididos por tramo etario o capacidad funcional. Participan principalmente adultos mayores autovalentes y se realizan evaluaciones para medir el estado de avance cada seis meses (medidas antropométricas, neuromotoras y funcionales). El Instituto Nacional del Deporte es uno de los organismos que fomentan la Educación Física en el adulto mayor a través de la implementación de la política actual de actividad física y deporte; la intervención del Instituto Nacional del Deporte contempla dos o tres sesiones semanales con una duración total de 180 minutos (dos clases de noventa minutos o tres clases de sesenta minutos semanales). No existen directrices específicas a nivel de gobierno en cuanto a intensidades y características de la intervención.

Formación en Educación Física para el adulto mayor

En cuanto a la formación académica, se revisaron las mallas curriculares actuales de las carreras de Educación Física en Chile encontrando que varias instituciones (Pontificia Universidad Católica de Valparaíso, Universidad Católica de la Santísima Concepción, Universidad San Sebastián y Universidad de las Américas, entre otras) están incluyendo asignaturas obligatorias para el aprendizaje de la Educación Física en el adulto mayor. En Chile, la organización curricular de la Educación Física está enfocada principalmente en la etapa escolar de las personas, pero se ha visto en los últimos años que las actualizaciones curriculares consideran la inclusión de la Educación Física en la adultez mayor como asignatura obligatoria. En los últimos años las mallas curriculares se han ido renovando y se aprecia un desarrollo introductorio dentro de algunas asignaturas que imparten las universidades chilenas como Educación Física y salud, Prescripción del ejercicio, Vida activa saludable, Actividad física, salud y calidad de vida, Condición física y salud, Motricidad humana y salud, y Condición física para una vida saludable, entre otras.

Programas

A continuación se describen algunos programas en los cuales se desarrollan manifestaciones de la Educación Física en Chile.

Política Integral de Envejecimiento Positivo

El punto de partida de la preocupación por los adultos mayores de Chile ha venido a ser construido a partir del conocimiento de la nueva característica del adulto que envejece. Los cambios anteriormente expuestos muestran que los adultos están viviendo cada vez más y mejor, y esto pasa por diversos motivos, de manera que el adulto mayor de hoy necesita otras oportunidades; muestra de esto es la inclusión de la palabra "gerontolescencia", que es la definición del adulto mayor que envejece con mejor aspecto físico y funcional, además de mantener su espíritu joven y su autoestima alta. Pensando en este nuevo envejecer, se construye esta política como una respuesta intersectorial, desarrollada por distintos órganos públicos como el Servicio Nacional del Adulto Mayor, Ministerio de Salud y la Comisión Especial de Adulto Mayor de la Cámara de Diputados. El principal objetivo de esta política es ofrecer protección de la salud funcional de los adultos mayores, la integración a los distintos ámbitos de la sociedad y el aumento de los niveles de bienestar, a través de actividades que involucran todas las dimensiones bio-psico-social, entre ellas las actividades físicas, ejercicios físicos y el deporte.

Establecimientos de larga estadía para adultos mayores

Los establecimientos de larga estadía para adultos mayores se definen como residencia de adultos mayores que, por motivos biológicos, psicológicos o sociales, requieren de un medio ambiente protegido y cuidados diferenciados para la mantención de su salud y funcionalidad, y estos son servicios ofrecidos por el Ministerio de Salud. Cada establecimiento de larga estadía para adultos mayores puede y debe ofrecer servicios de cuidados de la salud de sus internos y promoción de salud para garantizar la mantención de su funcionalidad. Dentro de estos servicios de promoción de salud, algunos establecimientos de larga estadía para adultos mayores ofrecen clases de Educación Física para sus residentes utilizando espacios propios para el desarrollo de sus actividades que tienen como principal objetivo el desarrollo de las competencias físicas como: flexibilidad, equilibrio, fuerza, capacidad aeróbica, entre otras. Además, los establecimientos ofrecen servicios kinesiológicos y terapia ocupacional, todos estos servicios brindados para promover y mantener las condiciones físicas y funcionales de los adultos mayores institucionalizados.

Programa Envejecimiento Activo

El programa se define por establecer un vínculo entre el adulto mayor y su entorno, tratando de contribuir para un envejecimiento físicamente activo, además de proporcionar un desarrollo amplio e integral del adulto mayor en distintas áreas como: personal, cognitiva, biológica, física y de participación social. El programa fomenta la creación de entornos favorables, aportando en la calidad de vida y tratando de retrasar los niveles de dependencia física. Las subdivisiones del servicio ofrecido por el "Programa Envejecimiento Activo" son pautadas en talleres de Educación Física con el objetivo de fortalecer las habilidades necesarias en la vejez, en un ambiente denominado "Espacio Mayor" que contribuye con el propósito del envejecimiento activo. Entre las prácticas físicas, el adulto mayor participa de actividades culturales, de recreación, esparcimiento, entre otros. Este espacio brinda atención global al adulto mayor que tiene la oportunidad de recibir conocimiento para su desarrollo personal, a través de talleres, encuentros y jornadas (SENAMA, 2018).

Centro de Día para el Adulto Mayor

Los Centros de Día son residencias que ofrecen algunas municipalidades del país; se trata de un servicio especializado que ofrece prácticas físicas y recreativas para que los adultos mayores pasen el día. La estrategia fue creada y pensada a partir de la alta demanda de adultos mayores que pasaban todo el día solos en sus casas porque los familiares estaban trabajando. Por el aumento de la población que vive en estas condiciones en el país, el Centro de Día es una opción para que el adulto mayor no pierda su autonomía e independencia física y funcional. Normalmente los centros ofrecen actividades basadas en el gusto del adulto mayor, además de brindar de forma permanente apoyo al familiar del mismo. El objetivo del Centro de Día es de contribuir con el bienestar del adulto mayor con un equipo multidisciplinario de profesores de Educación Física, kinesiólogos, terapeutas ocupacionales y otros profesionales de la salud. Las actividades son realizadas de distintas formas, familiar, individual o grupal, siempre respetando el grupo etario y el nivel de desarrollo para atender de forma personalizada las necesidades e intereses. En su agenda el Centro de Día trató de abarcar y ofrecer todas las actividades que contemplen el anhelo y necesidad del adulto mayor con actividades sociales, de convivencia, recreativas, visitas guiadas, charlas socioeducativas, charlas culturales, diversos talleres basados en sus intereses, como también cine y computación. Se ofrecen instancias de apoyo, contención emocional y vinculación a redes institucionales y municipales dirigidas a usuarios y familiares, además de servicio de alimentación y traslado.

Programa Adultos Mejores del instituto Nacional de Deporte

"Adultos Mejores" es una iniciativa del Ministerio del Deporte, creado para ofrecer oportunidades para todos los adultos mayores, inclusive para los que llevaron una vida físicamente activa durante su vida adulta. Las actividades ofrecidas por el programa buscan fomentar la mantención del envejecimiento físicamente activo con prácticas deportivas y ejercicios físicos. Las actividades deportivas son realizadas como taller, eventos deportivos y recreativos en las quince regiones del país para los adultos mayores con edad entre 60 y 70 años. Cada municipalidad ofrece un programa de actividades de acuerdo con los espacios disponibles, la necesidad y la demanda local. En la actualidad las principales actividades desarrolladas son caminatas, gimnasia acuática, tai chi, senderismo y pilates.

En Chile el desarrollo de programas de Educación Física específicos en adultos mayores es incipiente y principalmente los programas se enfocan en intervenciones clínicas; en este capítulo solo se nombran algunos, en la actualidad varias instituciones universitarias como la Universidad Católica de Chile están desarrollando programas de envejecimiento activo en el adulto mayor.

Conclusiones

Actualmente el desarrollo de la Educación Física en adultos mayores en Chile es incipiente, recién en el año 2016 la política incluye la Educación Física en el adulto mayor. Se detecta poca oferta de Educación Física para adultos mayores y también existe poca adherencia a los programas. En contraposición, nos encontramos con un escenario donde existen muchos estudios y programas en Chile sobre los efectos positivos del ejercicio en la salud de los adultos mayores. El desarrollo investigativo y los programas tienen en Chile un enfoque más clínico del ejercicio en esta etapa de la vida y no existen programas de Educación Física específicos para esta etapa de la vida. El desarrollo de la Educación Física y los programas de envejecimiento activo son incipientes y carecen de políticas públicas contundentes específicas que permitan al adulto mayor tener un acceso equitativo a los servicios gubernamentales de ejercicio y deporte. No se asegura en muchos casos el acceso en los adultos mayores que no son autovalentes. Las políticas públicas deben considerar aumentar la oferta de Educación Física en todas las etapas de la vida. Desde el sistema educativo no existe un curriculum que considere la Educación Física en la adultez mayor en Chile, en este sentido nos falta mucho por avanzar. Otro de los principales problemas de los programas de Educación Física en Chile, es que la valoración o cumplimiento de los objetivos se realiza en base a la cantidad de personas que participan pero no se evalúa el impacto cualitativo que los programas tienen en la población. En este sentido se propone que se adopten políticas públicas que consideren la investigación científica longitudinal para establecer el tamaño del efecto de los programas de Educación Física en la salud y calidad de vida de los adultos mayores en Chile. Esto permitirá identificar el impacto de la inversión pública en cuanto al objetivo que tiene el envejecimiento activo en las personas (preventivo, salud, económico, etc.). En síntesis, en Chile se observan avances pero falta mucho por hacer en cuanto al desarrollo de la Educación Física en el adulto mayor.

Referencias bibliográficas

Alvarado, A. y Salazar, Á. (2014). Análisis del concepto de envejecimiento. *Gerokomos*, *25*(2), 57-62.

Bazo, M. (1998). Vejez dependiente, políticas y calidad de vida. *Papers, Revista de Sociología*, *56*, 143-161.

Chapman, S., Aslan, S., Spence, J., Keebler, M., DeFina, L., Didehbani, N., et al. (2016). Distinct brain and behavioral benefits from cognitive versus physical training: a randomized trial in aging adults. *Frontiers in Human Neuroscience*, *10*(338), 1-15.

CASEN (2015). Adultos Mayores. Recuperado de: [http://observatorio.ministeriodesarrollosocial.gob.cl/casen-multidimensional/casen/docs/CASEN_2015_Resultados_adultos_mayores.pdf].

Chodzko-Zajko, W., Proctor, D., Fiatarone, M., Minson, C., Nigg, C., Salem, G. y Skinner, J. (2009). American College of Sports Medicine position stand. Exercise and physical activity for older adults. *Medicine & Science in Sports & Exercise*, *41*, 1510-1530.

Condeza, A., Bastías, G., Valdivia, G., Cheix, C., Barrios, X., Rojas, R., Gálvez, M. y Fernández, F. (2016). Adultos mayores en Chile: descripción de sus necesidades en comunicación en salud preventiva. *Cuadernos.info*, *38*, 85-104.

Conlon, J., Newton, R., Tufano, J., Peñailillo, L., Banyard, H., Hopper A., Ridge, A. y Haff, G. (2017). The efficacy of periodised resistance training on neuromuscular adaptation in older adults. *European Journal of Applied Physiology*, *117*(6), 1181-1194.

Cornejo, M., Matus, C. y Vargas C. (2011). La Educación Física en Chile: una aproximación histórica. *Revista Educación física y Deportes*, *16*, 161.

Dangour, A. D., Albala, C., Allen, E., Grundy, E., Walker, D. G., Aedo, C., Sánchez, H., Elbourne, D. y Uauy, R. (2011). Effect of a Nutrition Supplement and Physical Activity Program on Pneumonia and Walking Capacity in Chilean Older People: A Factorial Cluster Randomized Trial. *PLoS Medicine*, *8*(4), e1001023.

Englund, D., Kirn, D., Koochek, A., Zhu, H., Travison, T., Reid, K., von Berens, A., Melin, M., Cederholm, T., Gustafsson, T. y Fielding, R. (2017). Nutritional supplementation with physical activity improves muscle composition in mobility-limited older adults. The VIVE2 study: A randomized, double-blind, placebo-controlled trial. *The Journals of Gerontology. Series A, Biological Sciences and Medical Sciences*, *12*, *73*(1), 95-101.

Gallardo-Peralta, L., Cuadra-Peralta, A., Cámara-Rojo, X., Gaspar-Delpino, B. y Sánchez-Lillo, R. (2017). Validation of the successful aging inventory in chilean older people. *Revista Médica de Chile*, *145*(2), 172-180.

Garmendia, M., Dangour, A., Albala, C., Eguiguren, P., Allen, E. y Uauy, R. (2013). Adherence to a physical activity intervention among older adults in a post-transitional middle income country: a quantitative and qualitative analysis. *The Journal of Nutrition, Health & Aging*, *17*(5), 466-471.

González-Palau, F., Franco, M., Bamidis, P.,, Losada, R., Parra, E., Papageorgiou, S., et al. (2014). The effects of a computer-based cognitive and physical training program in a healthy and mildly cognitive impaired aging sample. *Aging & Mental Health*, *18*(7), 838-846.

Guede, F., Chirosa, L., Fuentealba, S., Vergara, C., Ulloa, D., Salazar, S., Márquez, H. y Barboza, P. (2017). Características antropométricas y condición física funcional de adultos mayores chilenos insertos en la comunidad. *Nutrición Hospitalaria*, *34*, 1319-1327.

Guede, F., Chirosa, L., Fuentealba, S., Vergara, C., Ulloa, D., Campos, C., Barbosa, P. y Cuevas, J. (2017). Association between physical fitness parameters and health related quality of life in Chilean community-dwelling older adults. *Revista Médica de Chile*, *145*(1), 55-62.

Landinez, N., Contreras K., Castro A. (2012). Proceso de envejecimiento, ejercicio y fisioterapia. *Revista Cubana de Salud Pública*, *38*(4), 562-580.

Levin, O., Netz, Y. y Ziv, G. (2017). The beneficial effects of different types of exercise interventions on motor and cognitive functions in older age: a systematic review. *European Review of Aging and Physical Activity*, 14-20.

Loyola, W., Camillo, C., Torres, C. y Probst, V. (2017). Effects of an exercise model based on functional circuits in an older population with different levels of social participation. *Geriatrics & Gerontology International* [Epub ahead of print].

Martins, R., Coelho, E., Silva, M., Pindus, D., Cumming, S., Teixeira, A. y Veríssimo, M. (2001). Effects of strength and aerobic-based training on functional fitness, mood and the relationship between fatness and mood in older adults. *The Journal of Sports Medicine and Physical Fitness*, *51*(3), 489-496.

Merellano-Navarro, E., Collado-Mateo, D., García-Rubio, J., Gusi, N. y Olivares, P. (2017). Criterion-Referenced Fitness Standards Associated with Maintaining Functional Capacity in Chilean Older Adults. *Rejuvenation Research*, *20*(6), 484-491.

Merellano-Navarro, E., Collado-Mateo, D., García-Rubio, J., Gusi, N., & Olivares, P. (2017). Validity of the International Fitness Scale "IFIS" in older adults. *Experimental Gerontology*, *95*, 77-81.

Ministerio del Interior de Chile (2001). Ley del Deporte-19712. Recuperado de: [http://www.leychile.cl/N?i=181636&f=2014-03-25&p=].

Ministerio de Salud de Chile (MINSAL) (2008). Manual de aplicación del examen de medicina preventiva del adulto mayor. Recuperado de: [http://web.minsal.cl/portal/url/item/ab1f81f43ef0c2a6e04001011e011907.pdf].

Ministerio del Deporte (2016). Encuesta Nacional de Hábitos de Actividad Física y Deportes en la Población de 18 años y más. Recuperado de: [http://www.mindep.cl/wp-content/uploads/2016/07/INFORME-FINAL-ENCUESTA-DEPORTES-COMPLETO_.pdf].

Ministerio del Deporte (2016). Política Nacional de Actividad física y deporte. Recuperado de: [http://www.mindep.cl/wp-content/uploads/2015/05/POLITICA-ULTIMA-VERSI%C3%93N-021116.pdf].

Organización Mundial de la Salud. (2002) Informe de la Segunda Asamblea Mundial sobre el Envejecimiento. Recuperado de: [http://www.un.org/es/comun/docs/?symbol=A/CONF.197/9], p. 85.

Organización Mundial de la Salud (OMS) (2015). Envejecimiento y salud. Recuperado por: [http://www.who.int/mediacentre/factsheets/fs404/es/].

Organización Mundial de la Salud (OMS) (2017). *Estrategia mundial sobre régimen alimentario, actividad física y salud: Recomendaciones mundiales sobre actividad física para la salud*. Ediciones de la OMS.

Nelson, M., Rejeski, W., Blair, S., Duncan, P., Judge, J., King, A., Macera, C. y Castaneda-Sceppa, C. (2007). Physical activity and public health in older adults: recommendation from the American College of Sports Medicine and the American Heart Association. *Circulation, 116*, 1094-1105.

Pérez, V. y Sierra, F. (2009). Biology of aging. *Revista Médica de Chile, 137*(2), 296-302.

Poblete Gálvez, C., Moreno Doña, A. y Rivera García, E. (2014). Educación Física en Chile: Una historia de la disciplina en los escritos de la primera publicación oficial del Instituto de Educación Física de la Universidad de Chile (1934-1962). *Estudios Pedagógicos (Valdivia), 40*(2), 265-282.

Ramirez-Campillo, R., Diaz, D., Martinez-Salazar, C., Valdés-Badilla, P., Delgado-Floody, P., Méndez-Rebolledo, G.,... Izquierdo, M. (2016). Effects of different doses of high-speed resistance training on physical performance and quality of life in older women: a randomized controlled trial. *Clinical Interventions in Aging, 11*, 1797-1804.

Reig, A. (2004). Psicología de la vejez. Comportamiento y adaptación. En R. Fernández-Ballesteros (Dir.), *Gerontología social* (pp. 167-200). Madrid: Pirámide Psicología.

Rybertt, C., Cuevas, S., Winkler, X., Lavados, P. y Martínez, S. (2015). Functional parameters and their association with gait speed in Chilean community-dwelling older adults. *Biomédica, 35*(2), 212-218.

Sánchez Bañuelos, F. (1996). *La actividad física orientada hacia la salud*. Madrid: Biblioteca Nueva.

Salinas, C., Bello, M., Flores, A., Carbullanca, L. y Torres, M. (2005). Actividad física integral con adultos y adultos mayores en Chile: Resultados de un programa piloto. *Revista Chilena de Nutrición, 32*(3), 215-224.

Servicio Nacional del Adulto Mayor (SENAMA). (2012). *Política integral de envejecimiento positivo para Chile 2012-2025*. Santiago: Servicio Nacional del Adulto Mayor.

Servicio Nacional del Adulto Mayor (SENAMA) (2015). *Casen 2013: Adultos mayores aumentan y Senama se fortalece*. Recuperado de: [http://www.senama.cl/n5729_15-03-2015.html].

SENAMA (2018). Programa envejecimiento activo. Recuperado de: [http://www.senama.gob.cl/envejecimiento-activo].

Valenzuela, T., Okubo, Y., Woodbury, A., Lord, S. y Delbaere, K. (2018). Adherence to technology-based exercise programs in older adults: A systematic review. *Journal of Geriatric Physical Therapy, 41*(1), 49-61.

— 6 —
La Educación Física especializada: una visión para la salud integral del adulto mayor

Oscar Gutiérrez Huamaní
(PERÚ)

Introducción

La salud es "el estado de completo bienestar físico, mental y social, y no solamente la ausencia de afecciones o enfermedades" (OMS, 2006). Tal vez la forma más objetiva de medir la salud es evaluando la calidad de vida, porque proporciona una información más comprensiva, integral y válida del estado de salud (Coronado *et al.*, 2009).

La Educación Física como una profesión de la salud vela el bienestar del ser humano, a través de la prescripción y ejecución de actividad física preventiva, educativa, recreativa, formativa, ejercicio físico y de rendimiento.

La prescripción de ejercicio físico es útil para prevenir la mortalidad prematura de cualquier causa, la cardiopatía isquémica, la enfermedad cerebrovascular, la hipertensión arterial, el cáncer de colon y mama, la diabetes tipo 2, el síndrome metabólico, la obesidad, la osteoporosis, la sarcopenia, la dependencia funcional y las caídas en ancianos, el deterioro cognitivo, la ansiedad y la depresión (Subirats *et al.*, 2012: 23).

El Perú, al igual que otros países de Latinoamérica, está envejeciendo ineludiblemente con diferentes grados de volumen e intensidad. En el año 2010 se reportó aproximadamente menos de 1.5 millones de adultos mayores, se estima que pasará a casi 6.5 millones para el 2050, de los cuales la mayoría serán mujeres. En el año 2011 en el Perú los adultos mayores alcanzaban los 2.620.460 personas, representando el 8.8% del total de población a nivel nacional siendo el 9.4% mujeres y 8.2% varones con un proceso de feminización del envejecimiento. Reportándose en Lima Metropolitana el 13,2% de la población; los departamentos con mayor cantidad de población adulta mayor fueron: Arequipa (9,85%) y Moquegua (9,75%), a diferencia de los departamentos: San Martín (5,95%), Loreto (5,63%) y Madre de Dios (4,2%) (MIMP, 2013).

El envejecimiento demográfico a nivel de Latinoamérica por las especificidades de esta etapa de la vida constituye un desafío para los profesionales de la Educación Física, orientando las tareas motrices al mantenimiento de la salud y la calidad de vida de los adultos mayores con el sostenimiento de las capacidades funcionales, preservando su autonomía lo más que se pueda. Procurando el envejecimiento activo-saludable para mantener el bienestar físico, psíquico y social.

El Perú desde 2013 cuenta con el Plan Nacional de Personas Adultas Mayores por el envejecimiento activo y saludable, basado en cuatro lineamientos: Envejecimiento Saludable; Empleo, Previsión y Seguridad Social; Participación e Integración Social; y Educación, Conciencia y Cultura sobre el Envejecimiento y la Vejez, que incluyen veintitrés acciones estratégicas, ochenta y tres indicadores y nueve metas emblemáticas (MIMP, 2013). Empero, al parecer estas políticas son insuficientes ante una población cada vez más creciente, pues existen adultos mayores que no están involucrados dentro de estos lineamientos, por desconocimiento, el abandono o porque muchas veces los profesionales responsables de estos programas son los primeros en maltratarlos.

En el trabajo comunitario con poblaciones vulnerables, se ha observado que las colonias y barrios están en abandono por no formar parte del discurso de los intereses políticos. Los universitarios activos se acercan a las personas con carencias, a aquellas con necesidades a las que la globalización las tiene olvidadas porque no sirven para la plusvalía y su apropiación de valor es muy poco. La lección aprendida en América Latina es que los políticos solo dicen y no hacen (España, 2017).

Pocos estudiantes y docentes universitarios de la carrera de Educación Física están dispuestos a dar su tiempo y servicio a los sectores vulnerables, como el caso específico de la atención a los adultos mayores, siempre estamos en pos de la plusvalía o generar ganancias –aspecto necesario para sobrevivir en nuestras realidades latinoamericanas– pero olvidando el sentido de servicio y solidaridad de la carrera de Educación Física.

Existen estudios que evidencian la problemática del adulto mayor peruano relacionados con el sobrepeso, obesidad, desnutrición, enfermedades degenerativas, deterioro cognitivo, depresión, violencia familiar (física, psicológica y sexual), dependencia funcional y trastornos del sueño (Álvarez-Dongo *et al.*, 2012; Contreras *et al.*, 2013; Varela *et al.*, 2004; Guerra *et al.*, 2009; Runzer-Colmenares *et al.*, 2017; Varela *et al.*, 2005; Martina *et al.*, 2010; Silva-Fhon *et al.*, 2015; Tello *et al.*, 2009).

Se hace necesario un diagnóstico nacional sobre las diferentes afecciones físicas, cognitivas, orgánico-funcionales y a los trastornos neuropsiquiátricos relacionados con la motricidad en el adulto mayor peruano, para establecer políticas de gobierno y medidas de prevención a través de la Educación Física.

Filosofía de la Educación Física con adultos mayores y normativa en el Perú

La atención al adulto mayor con el incremento de la expectativa de vida de las personas se convierte en reto para la sociedad y así como la oportunidad de perfeccionar el trabajo con esta franja etaria (Reyes y Durand, 2018).

La Educación Física con el adulto mayor deberá asumir el compromiso de atender a las diferentes problemáticas de esta fase etaria (pérdida de las capacidades funcionales, depresión y ansiedad, obesidad y sobre peso, sedentarismo, maltrato y violencia por pérdida de capacidades cognitivas y físicas, y la falta de voluntad política de los gobernantes). El crecimiento poblacional de adultos mayores constituye una oportunidad para perfeccionar el trabajo específico orientado a satisfacer la necesidad de movimiento.

Realizar Educación Física con adultos mayores obedecerá a un trasfondo político, filosófico, antropológico, social, psicológico determinado por la concepción del hombre. Así, el acto educativo tiene como intención una determinada ideología del hombre y de la sociedad y sólo desde ella se podrá definir el papel que en dicho proceso debe cumplir la educación. La finalidad de la educación es comprometerse con una concepción del hombre y de la sociedad, en sus aspectos psicológicos, sociales, antropológicos y filosóficos (De Zubiría, 2006). La acción educativa no está desligada de cierta filosofía del hombre, de la convivencia social, de la vida política. En el ejercicio educativo se debe pensar en el educando tomando en cuenta aquello que puede llegar a ser (Beade, 2011). Como señala Kant (2003: 31): "Únicamente por la educación el hombre puede llegar a ser hombre. No es, sino lo que la educación le hace ser".

La construcción de un ideal de educación es ineludible para enfrentar toda tarea educativa. Se debe tomar conciencia acerca de la necesidad de una idea públicamente construida acorde con las necesidades político-sociales que caracterizan nuestro entorno (Beade, 2011). Por lo que la Educación Física valora al adulto mayor como un ser humano lleno de experiencias y de grandes saberes, que continúa la búsqueda de la plenitud y la mantención de sus facultades, luego de haber entregado los mejores años de su vida para construir nuestra sociedad.

En Perú la Educación Física en esta etapa de la vida aún no está programada en contenidos o competencias nacionales; en las instituciones que trabajan con adultos mayores los programas se diseñan en función a las características e intereses del grupo, a la logística que cuenta cada institución y de acuerdo a la propuesta del profesional responsable, a través de caminatas, danzas, bailes, juegos florales, taichí, juegos, paseos campestres, natación, básquet, fulbito, atletismo, ejercicios funcionales de movilidad, deambulación, actividades de la vida diaria, subir escalones. El Ministerio de Salud (2016) sugiere la práctica de ejercicios, caminatas, taichí, actividades al aire libre, dependiendo del estado de salud del adulto mayor, acumulando un mínimo de 150 minutos semanales de actividad física aeróbica moderada.

De acuerdo a la Ley de las Personas Adultas Mayores Nº 28803, en el Artículo 8º dispone la creación de Centros Integrales de Atención al Adulto Mayor en todas las municipalidades provinciales y distritales de todo el Perú. Estos centros pretenden ser espacios saludables e integrales de socialización que busquen beneficiarlos, garantizando la inclusión a los que tienen discapacidad y a los familiares que atienden personas adultas mayores con dependencia. Algunas de sus finalidades son: combatir y prevenir los problemas de salud más comunes; realizar actividades de carácter recreativo; organizar talleres de autoestima, de prevención del maltrato, de mantenimiento de las funciones mentales y prevenir enfermedades crónicas. El enfoque específico que sustentan y faculta a estos centros en la práctica de Educación Física es: "Hacia un envejecimiento activo saludable" (MIMDES, 2009).

Este enfoque tiene relación con la Educación Física con adultos mayores, ya que propenden a un envejecimiento activo, productivo y saludable. No obstante, se observa en nuestro contexto que en estos centros no se prioriza la Educación Física, al parecer porque es subvaluado como actividad complementaria, sin reconocer el potencial de la Educación Física en el mantenimiento de la capacidad funcional y cognitiva, psicológica y social en esta etapa de la vida, por lo que el compromiso de todos los profesionales de la Educación Física es fortalecer el respaldo científico de nuestro quehacer.

Los sistemas educativos están diseñados para desarrollar la educación en niños, adolescentes, jóvenes y adultos. ¿Qué sucede con los adultos mayores? Una respuesta a este interrogante es la educación continua o permanente, la cual adquiere diferentes formas y concepciones. La educación permanente es un término actual abierto y flexible, incorporado por la UNESCO como resultado de los avances de la ciencia y la técnica (Reyes y Durand, 2018).

Una Educación Física permanente, orientada a permitir al adulto mayor aprender, reaprender y desaprender permanentemente, ampliando sus perspectivas sin límites de tiempo ni espacio, alcanzando posibilidades de mantenimiento social, personal o profesional el mayor tiempo posible. El mantenimiento y desarrollo físico es uno de los servicios que no demanda mucho costo y tiene repercusiones en los aspectos cognitivos, en la independencia de las actividades de la vida diaria, en las capacidades funcionales, en los aspectos orgánico-funcionales, es decir, en la salud del adulto mayor. El bienestar físico implica el funcionamiento eficiente del cuerpo, tener la capacidad de resistencia a enfermedades y la capacidad física de responder apropiadamente a una serie de exigencias. En la medida que envejecemos se producen perdidas funcionales, un factor que afecta a la calidad de vida, desequilibrando el sentido de autoeficacia, con una reducción o disminución de la aptitud física con el paso de los años, por lo que se hace importante la atención de profesionales especializados en Educación Física con adultos mayores.

La Organización Mundial de la Salud definió el envejecimiento saludable, como el "proceso de fomentar y mantener la capacidad funcional que permite el bienestar en la vejez". Esto no significa envejecer sin enfermedades, sino ser capaz de hacer durante el máximo tiempo posible las cosas a las que damos valor (OPS, 2017).

"La salud mental influye en la salud del cuerpo, y a la inversa... La salud mental de los adultos mayores se puede mejorar mediante la promoción de hábitos activos y saludables" (OMS, 2016: 1). Existen trabajos que afirman que la Educación Física crea mejoras en la salud en general del adultos mayores. El desempeño físico en los adultos mayores fue mejorado mediante un programa de ejercicios fisioterapéuticos aplicado tres veces por semana durante doce semanas, en sesiones de cuarenta y cinco minutos que incluía calentamiento, ejercicios de fortalecimiento muscular, de equilibrio, de reeducación de la marcha y fase de enfriamiento (Chaves-Pantoja *et al.*, 2014). La relación de la calidad de vida y los niveles de prácticas de actividad física en adultos mayores de Arequipa (Perú), demuestra que a mayor actividad física la calidad de vida es media y alta. Los programas de medicina complementaria en adultos mayores con actividad física, pueden mejorar su movilidad e independencia, favoreciendo a su calidad de vida (Mango, 2017).

El Ministerio de la Mujer y Desarrollo Social, hoy Ministerio de la Mujer y Poblaciones Vulnerables, tiene la responsabilidad del trabajo conjunto entre el Ministerio de Salud, el Ministerio de Educación, las universidades, el Ministerio de Trabajo y Promoción del Empleo, el Seguro Social de Salud, la Sociedad de Beneficencia, las municipalidades provinciales y distritales, la Sociedad de Gerontología y Geriatría del Perú, así como con diversas organizaciones y entidades de la sociedad civil (MIMDES, 2009).

Las ideas del maestro alemán Alexander Kapp (1933) de la liberación y el perfeccionamiento del ser humano (educación permanente) acuñan el término de andragogía, derivado de la etimología griega ανδρος (hombre) y άγω (conduzco) como oposición al término pedagogía (παιδιου, niño y ἄγω, conduzco), pues pedagogía se restringe el proceso educativo a la niñez, es inaplicable a la educación de adultos y en el proceso andragógico (Alonso, 2012). Se hace necesaria la construcción teórica de la gerontogogía, para respaldar la acción educativa en el adulto mayor, por ende, sustentar el trabajo de la Educación Física con adultos mayores.

En la tesis titulada "La Educación Física gerontogógica y el adulto mayor en el Perú", tomando como metodología la reflexión y la elaboración de propios conceptos, se plantea el término de gerontogogía como ciencia de la educación de adultos mayores, fundamentados en la agología como ciencia de la educación y la educación permanente, proponiendo entonces la Educación Física gerontogógica.

En referencia a la agología, Félix Adam (1993) hace notar el carácter restrictivo de la pedagogía, derivado del griego paidaywyía, que significa dirección o conducción del niño. Conceptualmente, la mejor connotación para expresar del hecho educativo son los términos "agología" (*ago*, conducir y *logos*, tratado) y "agotecnia". No obstante hubo otros términos propuestos (agogía, antropogogía) de mayor precisión que la pedagogía, que no han tenido aceptación general. La antropogogía, término que deriva de las voces griegas *antropos* = hombre y *ago* = guiar o conducir, "... es la ciencia y arte de instruir y educar permanentemente al hombre en cualquier período de su desarrollo psicobiológico, en función de su vida cultural, ergológica y social" (Adam, 1993: 93). "Preferimos los términos: agología, ciencia de la educación en general, y agotecnia, técnica o arte de la educación" (*ibíd.*, p. 78).

El concepto de gerontogogía se respalda en los planteamientos de la andragogía y la pedagogía. Deriva etimológicamente de dos voces griegas: *geronto* (viejo) y *ago* (guía, orientación). Parte de una realidad concreta, biológica, física, psicológica, ergológica y social del adulto mayor, con diferencias a la realidad de los niños, jóvenes y adultos en estructura, funcionalidad y comportamiento. Es la ciencia de la educación del adulto mayor que estudia, investiga y sustenta la educación en este periodo de la vida, respetando las características propias.

Con respecto a la educación permanente, en la tesis se reconoce al estudiante como un ser activo sobre el cual se organiza el proceso educativo, caracterizándose por la flexibilidad y diversidad de contenidos, con funciones adaptativas e innovativas considerando el proceso de aprendizaje formal y no-formal, comprometido durante toda la vida del ser humano (fetos, niños, jóvenes, adultos y adultos mayores), que termina sólo cuando hay real incapacidad para la vida individual y social.

> El hecho educativo es un proceso que actúa sobre el hombre a lo largo de toda su vida y no hay momento, en las diversas fases de su existencia, en que ...se sienta libre de la influencia del medio... se

sabe que se producen cambios aún en plena ancianidad, respecto a nuestras creencias, a nuestras opiniones, costumbres y hábitos (Adam, 1993: 92).

A continuación se presenta el cuadro que resume la propuesta de la tesis respecto a la agología y la educación permanente.

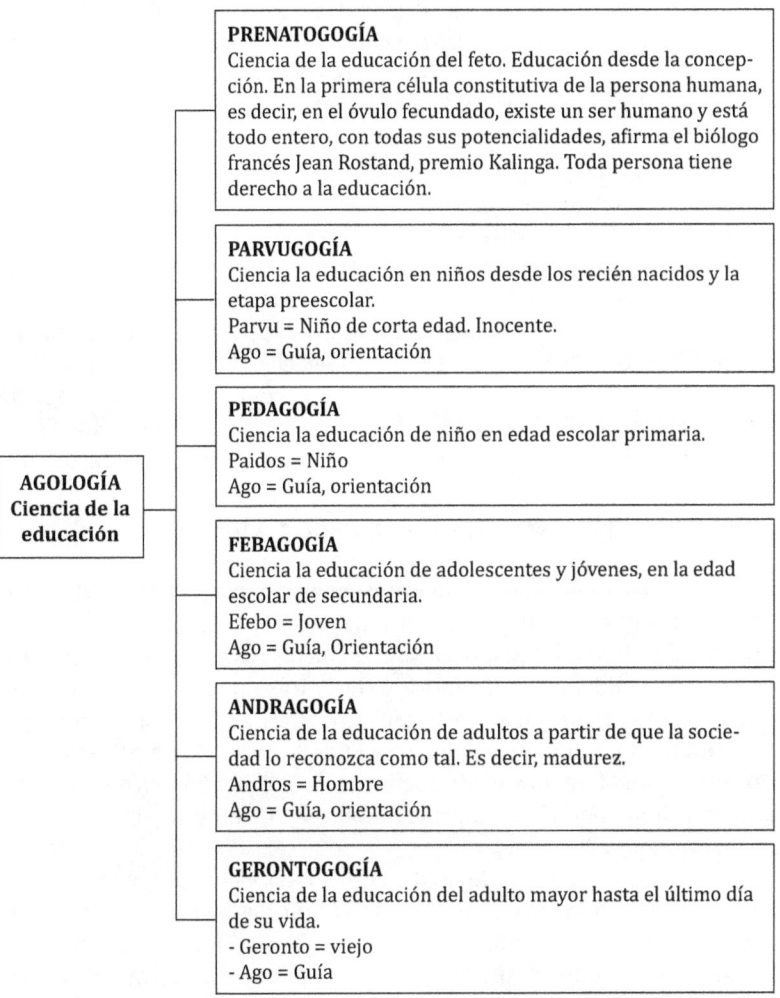

Fuente: La Educación Física Gerontogógica y el Adulto Mayor Peruano. UNMSM. 2008.

Dicha tesis, que fuera presentada en el año 2008 en la Universidad Nacional Mayor de San Marcos (Lima-Perú), detalla también la experiencia de una investigación etnográfica de la Educación Física orientada al trabajo con adultos mayores. Como medio de la Educación Física se empleó durante tres años consecutivos el deporte de básquetbol en un grupo de adultos mayores de la Asociación de Retirados, Cesantes y Jubilados de Educación - Ayacucho. La convivencia permitió hacer una observación participativa, dando oportunidad de obtener datos en el mismo grupo, con la descripción de los sentimientos, necesidades, emociones, valores y expectativas de esta unidad social sobre la relación de la Educación Física y el adulto mayor. Algunas de las conclusiones son que la Educación Física con adultos mayores o Educación Física gerontogógica es una nueva sub especialidad de la Educación Física. La Educación Física gerontogógica brinda beneficios psicológicos, físicos y sociales, prolonga la vida activa en el adulto mayor peruano. Faltan en el Perú asignaturas, cursos y especializaciones orientados a la atención del adulto mayor, así como se observa la falta de especialistas en gerontología (Gutiérrez, 2011).

Entonces, podemos señalar que el sustento de la Educación Física con adultos mayores es la gerontogogía, como ciencia especializada en el proceso educativo de esta etapa de la vida, permitiendo la acción docente del profesional de la Educación Física especializada. Ello ha dado origen a diversas terminologías: Educación Física gerontogógica, gerontogogía física, gerontología de la motricidad, gerontomotricidad, Educación Física con adultos mayores, siendo este último el más aceptado y adecuado.

Educación Física con adultos mayores en Perú

En el Perú, el Ministerio de Educación ha incorporado contenidos sobre el proceso de envejecimiento dentro del currículo en todos los niveles educativos, debiendo coordinar con las universidades el impulso de las especialidades de Geriatría y Gerontología en los programas de educación superior y de investigación (MIMP, 2013). Esperemos que esas políticas puedan sensibilizar a la población en general para tener respeto y consideración al adulto mayor, ya que muchas veces al pasar a una situación económicamente pasiva, son objeto de burla y considerados como una carga familiar.

Para la programación de actividades motrices en la Educación Física con adultos mayores es importante tener en cuenta las directrices metodológicas que señala Pilar Pont (1997), que implican: control de variables (duración del curso y número de sesiones, conocimiento básico del grupo, espacio-material, época de año) y establecimiento de criterios (objetivos generales y específicos, contenidos y métodos) (*ibíd.*, p. 52). La actividad física, intelectual, así como las relaciones afectivas, pueden contribuir a vivir de manera placentera desde el otoño de la vida (Reyes y Durand, 2018).

En otro orden, en el Centro Integral de Atención a las Personas Adultas Mayores de la Municipalidad provincial de Huamanga, se brindan las siguientes actividades: fulbito, caminatas, paseos campestres, taichí. También realizan campañas de servicios orientadas a fomentar el aseo y cuidado de los adultos mayores, propiciando espacios de recreación que contribuyen a mejorar su calidad de vida. La población que participa en este centro oscila entre los 70 a 80 años de edad aproximadamente, con una situación económicamente vulnerable. Están agrupados en diferentes lugares como el Barrio de Belén, Mollepata y dos grupos en Pukacruz, con un aproximado de ochocientos adultos mayores registrados. Este centro no cuenta con un profesional de la Educación Física de planta[1] para la planificación, organización y aplicación de dichas actividades; los trabajos programados son realizados con apoyo de profesionales de Educación Física de otras unidades del municipio.

En el Centro del Adulto Mayor "Jesús de Nazareno" de la Red asistencial de Ayacucho del Seguro Social de Salud del Perú se practica la Educación Física. El grupo está constituido por cesantes y jubilados de las instituciones públicas, con edades que fluctúan entre 60 a 80 años. El centro cuenta con trece talleres de diversas actividades entre manuales, artísticas, culturales y recreativas. Dentro de las actividades de Educación Física con los adultos mayores autosuficientes encontramos: taichí, gimnasia rítmica, gimnasia aeróbica, natación y deportes. A su vez, se programan en fechas especiales actividades como caminatas y Mini Olimpiadas de Adultos Mayores. Estas actividades cuentan con profesores de Educación Física con un perfil especial acorde a las acciones y necesidades. La cantidad aproximada de adultos mayores que participan en los talleres deportivos es de 35 a 40 personas, de acuerdo al interés personal y en función a los horarios.

Asimismo, la universidad puede ser de utilidad para apoyar a las personas en situación de vulnerabilidad, si se descubre cómo aprovechar sus potencialidades naturales. Una es usar su plan de estudios como estrategia para acercarse a la comunidad. Las estrategias académico-comunitarias como método para el desarrollo sustentable focal son posibles desde el seno universitario. Además, el recurso humano de estudiantes aún identificados con el pueblo es de un potencial ilimitado (España, 2017).

La escuela profesional de Educación Física de la Universidad Nacional de San Cristóbal de Huamanga en el Plan de estudios del año 2004, contaba con una asignatura denominada Educación Física para la Tercera Edad, realizando la parte práctica con los adultos mayores que participaban del Programa Integral Nacional para el Bienestar Familiar

---

1. El Centro Integral de Atención a las Personas Adultas Mayores no tiene plaza orgánica remunerada de Educación Física.

de Ayacucho. Este programa es una política del Ministerio de la Mujer y Poblaciones Vulnerables al que asiste un grupo aproximado de cuarenta adultos mayores en situación de riesgo y abandono. Los estudiantes de la asignatura Educación Física para la Tercera Edad preparaban la sesiones con asesoría del docente de la asignatura, con una frecuencia de dos veces por semana y una duración de sesenta minutos, a través de juegos y actividades de mantenimiento de la flexibilidad, la fuerza, el equilibrio, contribuyendo al bienestar y fortaleciendo sus capacidades.

El 8 de marzo del 2016, en la Escuela Profesional de Educación Física de la Universidad Nacional de San Cristóbal de Huamanga, Ayacucho – Perú, se constituyó el Laboratorio de Actividad Física y Salud con el objetivo de "desarrollar actividades de investigación y proyección social a través de programas de intervención motora para mejorar la salud de la población Ayacuchana, sin fines de lucro". El Laboratorio de Actividad Física y Salud inició funcionando con dos programas: 1) El Programa de Actividad Física de la Mujer y 2) el Programa de Actividad Física del Adulto Mayor.

Desde esa fecha dicho laboratorio brinda el Programa de Actividad Física para el Adulto Mayor semestralmente, a través de diversas actividades de intervención motora, propuestas por los jóvenes de pregrado y posgrado, con fines de la sustentación de tesis. Estos programas de intervención motora son ejecutados por miembros del Laboratorio de Actividad Física y Salud, que son estudiantes de la Escuela Profesional de Educación Física y áreas afines (enfermería, psicología, obstetricia). De ese modo, a partir del tercer semestre de la carrera de Educación Física se da oportunidad a los jóvenes estudiantes de familiarizarse y experimentar la Educación Física con el adulto mayor. También el Laboratorio de Actividad Física y Salud brinda la oportunidad a los docentes de la escuela de Educación Física de la Universidad Nacional de San Cristóbal de Huamanga, de conformar una línea de investigación[2] y realizar actividades de responsabilidad social (proyección social) en cada uno de los programas de intervención motora existente en el Laboratorio. Al inicio de cada semestre académico, el Laboratorio de Actividad Físi-

---

2. En la actualidad, la Universidad Nacional de San Cristóbal de Huamanga está construyendo las líneas de investigación por facultades. La Facultad de Ciencias de la Educación cuenta con tres escuelas profesionales, siendo una de ellas la Escuela Profesional de Educación Física, que tiene como propuesta la línea de investigación: Motricidad Humana y Salud; y tiene dos sub líneas: a) Manifestaciones de la competencia motriz y b) Actividad física y salud. Dentro de las temáticas de la sub-línea Actividad Física y Salud, están: los programas de intervención motora y sus efectos: en mujeres, en adultos mayores, en hipo e hipertiroidismo de mujeres, en el riesgo cardiovascular, en las capacidades físicas de los adultos, los que permiten a los miembros del laboratorio de pre y posgrado realizar sus trabajos de investigación, con el apoyo científico y logístico del Laboratorio de Actividad Física y Salud.

ca y Salud, así como el Programa de Actividad Física del Adulto Mayor realizan el reclutamiento de los voluntarios a través de la invitación en los diferentes medios de comunicación local (las personas que acuden son de sexo femenino en un 100%). La primera y la última semana de cada semestre se realizan las evaluaciones del pre y pos test[3] en cada programa de intervención motora del laboratorio respectivamente. El laboratorio está constituido por docentes, egresados y estudiantes desde el tercer semestre para la familiarización en la temática y estudiantes del noveno y décimo semestre de la carrera de Educación Física con fines de realización de investigación para las tesis orientadas al trabajo social en salud; así como de profesionales y estudiantes de otras áreas de formación profesional médica, quienes son los responsables de dirigir las actividades programadas en el protocolo de intervención motora. El Programa de Actividad Física del Adulto Mayor trabaja tres veces a la semana durante dieciséis semanas por semestre; el horario de actividad es de 7 a 8 am los días lunes, miércoles y viernes. Los adultos mayores que asisten tienen entre 60 y 70 años de edad siendo cesantes del magisterio, instituciones públicas y del sector privado, con una formación secundaria y/o profesional, con una movilidad independiente para las actividades de la vida diaria. Todas las sesiones se realizan en el local del Laboratorio, en cada sesión se trabaja un aproximado de diez minutos de activación fisiológica, cuarenta minutos de actividad física central y diez minutos de vuelta a la calma. Para finalizar se hace "el ritual de cierre", un círculo tomados de las manos con todos los participantes, en el que se dan las indicaciones y agradecimientos.

En el primer año, el Programa de Actividad Física del adulto mayor brindó sus actividades con el protocolo de intervención motora de juegos recreativos y se realizó una investigación sobre "Los efectos en la depresión de los adultos mayores", obteniéndose mejoras considerables. En el año 2017, se realizó el trabajo titulado "Efectos de un programa de actividad física en la cognición del adulto mayor en Ayacucho", empleando ejercicios rítmicos, actividades de flexibilidad, fuerza, coordinación y juegos de socialización. Los resultados son alentadores en la preservación cognitiva del adulto mayor. En el segundo semestre de 2017, se realizó también un estudio de iniciación científica sobre "El ejercicio físico y la calidad de sueño en el adulto mayor".

---

3. En cada programa de intervención motora se realiza el pre test y post test al inicio y al finalizar el semestre, con instrumentos de recolección de datos en función de las investigaciones realizadas en cada programa. Los instrumentos son reconocidos y validados en el contexto latinoamericano como el *Montreal Cognitive Assessemet* (MOCA), la Escala de depresión de Yesavage, Test de marcha de seis minutos, *Time and go*, Test de Abalakov, entre otros; administrados por los miembros del laboratorio de acuerdo a su especialidad o previamente entrenado en la administración del instrumento.

El Laboratorio de Actividad Física y Salud también ofrece clases de Educación Física con adultos mayores en la Sociedad de Beneficencia Pública de Ayacucho, ya que se suscribió un convenio específico interinstitucional con la Escuela Profesional de Educación Física de la Universidad Nacional de San Cristóbal de Huamanga. El grupo de adultos mayores tiene aproximadamente la edad de 65 a 80 años, teniendo una condición económicamente precaria, muy poca formación escolar, una movilidad corporal limitada y en algunos casos con dificultad para las actividades de la vida diaria. Los miembros del Laboratorio de Actividad Física y Salud organizados en pares, planifican y ejecutan las sesiones de Educación Física. Las sesiones se realizan antes de la ingesta del almuerzo, tres veces a la semana en el local de la Sociedad de Beneficencia Pública de Ayacucho, en donde se habilitó un espacio para estas actividades. Cada sesión se trabaja un aproximado de diez minutos de activación fisiológica, treinta minutos de actividad física central y diez minutos de vuelta a la calma, con un protocolo de ejercicios de mantenimiento de flexibilidad, fuerza, equilibrio y coordinación, así como juegos de socialización y recreativos de salón.

Conclusiones

El envejecimiento demográfico peruano es evidente y este fenómeno viene acompañado con una serie de aspectos y procesos degenerativos del envejecimiento, como la perdida de coetáneos y amigos, los adultos mayores pasan a ser una población económica pasiva, los hijos salen de casa para emprender sus proyectos personales, en ocasiones se acompaña con la pérdida de las capacidades funcionales y neuropsicológicas, que pueden generar la dependencia del adulto mayor y una serie de maltratos.

La Educación Física con adultos mayores es una disciplina destinada a mantener las capacidades físico-motrices, cognitivas, morales, sociales y afectivas de las personas mayores. Con el uso de su corporeidad impulsa movimientos creativos e intencionales, promoviendo el disfrute de las capacidades funcionales y fomentando la participación en actividades acordes al contexto cultural y social. Es una disciplina educativa que se basa en los fundamentos de la gerontogía como ciencia de la educación en el adulto mayor. Puede emplear diferentes medios planificados: el juego motor, actividades recreativas al aire libre, la práctica deportiva, programas de bailes, programas de caminatas, gimnasia rítmica, ejercicios aeróbicos, natación, hidrogimnasia, taichí entre otros, para la ocupación del tiempo libre cuidando y preservando la salud y la calidad de vida activa del adulto mayor.

Como hemos señalado en párrafos anteriores, existen programas de intervención motora en algunas instituciones, pero son poco concurridos, tal vez por la falta de difusión; la falta de valoración de la Educación Física; la práctica de ciertos hábitos y patrones culturales (una sociedad que sólo forma y sobrevalora la parte cognitiva); la falta de hábitos saludables; el desconocimiento de los beneficios de la Educación Física con adultos mayores en la salud, así como en la mantención de la cognición, las capacidades funcionales y la calidad de vida.

Se hace necesario que las universidades peruanas inicien la formación de especialistas en Educación Física con adultos mayores, a través de diplomados, especializaciones, maestrías y doctorados con materias gerontogógicas para que los profesionales adquieran habilidades y conocimientos del trabajo específico.

La Educación Física con adultos mayores es una necesidad imperante, ya que es uno de los únicos medios para preservar la independencia funcional y cognitiva del adulto mayor, al permitir lograr un envejecimiento saludable. Pues una persona adulta mayor plena, es aquella que se vale por sí misma hasta los últimos días de su existencia, libre de la dependencia funcional y de los maltratos.

Finalizamos parafraseando al gran poeta peruano César Vallejo: *"¡Ah! desgraciadamente, hombres humanos, hay hermanos muchísimo que hacer'".*

Referencias bibliográficas

Adam, F. (1993). Andragogía, ciencia de la educación de adultos. En Instituto Internacional de Andragogía (ed.), *Bases teóricas de andragogía* (pp. 78-93). Caracas: Talleres de Artes gráficas LASER PLOTT, S.R.L.

Alonso, P. (2012). La Andragogía como disciplina propulsora de conocimiento en la educación superior. *Revista Electrónica Educare, 16*(1), 15-26.

Álvarez-Dongo, D., Sánchez-Abanto, J., Gómez-Guizado, G. y Tarqui-Mamani, C. (2012). Sobrepeso y obesidad: prevalencia y determinantes sociales del exceso de peso en la población peruana (2009-2010). *Revista Peruana de Medicina Experimental y Salud Pública, 29*(3), 303-313.

Beade, I. (2011). En torno a la idea de educación. Una mirada desde la reflexión pedagógica kantiana. *Signos Filosóficos, 13*(25), 119-120.

Chávez-Pantoja, M., López-Mendoza, M. y Mayta-Tristánc, P. (2014). Efecto de un programa de ejercicios fisioterapéuticos sobre el desempeño físico en adultos mayores institucionalizados. *Revista Española de Geriatría y Gerontología, 49*(6), 260-265.

Contreras, A.L., Angel, G.V., Romaní, D.A., Tejada, G.S., Yeh, M., Ortiz, P.J. y Tello, T. (2013). Malnutrición del adulto mayor y factores asociados en el distrito de Masma Chicche, Junín, Perú. *Revista Médica Herediana, 24*, 186-191.

Coronado, J. M., Cristian Díaz, C., Apolaya, M.A., Manrique, L.M., Arequipa, J.P. (2009). Percepción de la calidad de vida relacionada con la salud del adulto mayor residente en la ciudad de Chiclayo. *Acta Médica Peruana, 26*(4), 230-208.

De Zubiría, J. (2006). *Los modelos pedagógicos: hacia una pedagogía dialogante.* Bogotá: Editorial Aula Abierta.

España, J. N. (2017). La educación popular y el desarrollo de las organizaciones sociales. *Revista Iberoamericana de Producción Académica y Gestión Educativa, 4*(8), 1-26.

Guerra, M., Ferri, C. P., Sosa, A.L., Salas, A., Gaona, C., Gonzales, V., et al. (2009). Late-life depression in Perú, México and Venezuela: The 10/66 population-based study. *The British Journal of Psychiatry*, *195*(6): 510-515.

Gutiérrez, O. (2011). *La Educación Física Gerontológica en el Perú*. Saarbrücken, Alemania: Editorial Académica Española.

Kant, I. (2003). *Pedagogía*. Madrid: Akal.

Mango, V. R. (2017). Relación entre calidad de vida en adultos mayores y niveles de práctica de actividad física en el Centro de Atención de Medicina Complementaria del Hospital Nacional Carlos A (Tesis para título profesional de Médico Cirujano). Universidad Nacional de San Agustín de Arequipa, Arequipa-Perú.

Martina, M., Nolberto, V., Miljanovich, M., Bardales, O. y Gálvez, D. (2010). Violencia hacia el adulto mayor: Centros Emergencia Mujer del Ministerio de la Mujer y Desarrollo Social. Lima-Perú, 2009. *Revista Peruana de Epidemiología*, *14*(3), 186-192.

Ministerio de la Mujer y Desarrollo Social [MINDES] (2009). Pautas y Recomendaciones para el funcionamiento de los Centros Integrales de Atención al Adulto Mayor (CIAM). Recuperado de: [https://www.mimp.gob.pe/adultomayor/archivos/CIAM_boletin.pdf].

Ministerio de la Mujer y Poblaciones Vulnerables [MIMP] (2013). Cuaderno sobre las poblaciones vulnerables PLANPAM 2013-2017 promoviendo el envejecimiento activo. Recuperado de: [https://www.mimp.gob.pe/files/mimp/especializados/boletines_dvmpv/cuaderno_5_dvmpv.pdf].

Ministerio de Salud (2016). MINSA capacita a personal de salud para estimular la actividad física en los adultos mayores. Recuperado de: [http://www.minsa.gob.pe/?op=51&nota=17379].

Organización Mundial de la Salud (2016). La salud mental y los adultos mayores. Centro de prensa. Recuperado de: [http://www.who.int/mediacentre/factsheets/fs381/es/].

Organización Panamericana de la Salud (2017). Envejecimiento saludable. Recuperado de: [http://www.paho.org/hq/index.php?option=com_content&view=article&id=13634%3Ahealthy-aging&catid=9425%3Ahealthy-aging&Itemid=42449&lang=es].

Pont, P. (1997). *Tercera edad, actividad física y salud*. Barcelona: Paidotribo.

Reyes, E. y Durand, R. (2018). Calidad de vida en la tercera edad desde la Universidad del Adulto Mayor. *Revista de Información Científica*, *97*(1), 192-204.

Runzer-Colmenares, F. M., Castro, G., Merino, A., Torres-Mallma, C., Díaz, G., Pérez, C. y Parodi, J.F. (2017). Asociación entre depresión y dependencia funcional en pacientes adultos mayores. *Horizonte Médico*, *17*(3), 50-57.

Silva-Fhon, J. R., Del Río-Suarez, A. D., Motta-Herrera, S. N., Coelho S. C. y Partezani-Rodrigues, R. A. (2015). Violencia intrafamiliar en el adulto mayor que vive en el distrito de Breña, Perú. *Revista de la Facultad de Medicina*, *63*(3), 367-375.

Subirat, E., Subirats, G. y Soteras, I. (2012). Prescripción de ejercicio físico: indicaciones, posología y efectos adversos. *Medicina Clínica*, *138*(1), 18-24.

Tello, T., Varela, L., Ortiz, P. J., Chávez, H. y Revoredo, C. (2009). Calidad del sueño, somnolencia diurna e higiene del sueño en el Centro del Adulto Mayor Mirones, EsSalud, Lima, Perú. *Acta Médica Peruana*, *26*(1), 22-26.

Varela, L., Chávez, H., Gálvez, M. y Méndez, F. (2004). Características del deterioro cognitivo en el adulto mayor hospitalizado a nivel nacional. *Revista de la Sociedad Peruana de Medicina Interna*, *17*(2), 37-42.

Varela, L., Chávez, H., Gálvez, M. y Méndez, F. (2005). Funcionalidad en el adulto mayor previo a su hospitalización a nivel nacional. *Revista Médica Herediana*, *16*(3), 165-171.

— 7 —
Desafío de la Educación Física con adultos mayores

Emilio Octavio Pérez Techachal y
Maritza Esther González Samaniego
(PANAMÁ)

Introducción[1]

Panamá, situada en América Central, tiene una superficie de 75.420 km², con lo que se encuentra entre los países más pequeños. De acuerdo a los datos publicados en enero de 2018 por el Observatorio de la Economía y la Sociedad de Panamá, la población actual es de 4.034.119 personas, en tanto UNICEF en su informe estadístico de 2018 informa que nuestro país presenta una moderada densidad de población de 53 habitantes por km², donde el 75% de los panameños habita en las áreas urbanas. En los datos que tiene el Instituto Nacional de Estadística y Censo, en 2018 la población de 65 años y más representa el 7,8%.

Grupos étnicos

Según reporta el mismo Instituto Nacional de Estadística y Censo en 2016 en su informe "Panamá en Cifras" en su página 24, como consecuencia de la posición geográfica del Istmo y de una serie de circunstancias históricas, la población está constituida por diversos grupos humanos: grupos no indígenas: grupo hispano-indígena, población afrocolonial, población afroantillana, otros grupos étnicos; grupos indígenas: Guna, Emberá, Wounaan, Ngäbe, Buglé, Bokota, Naso/Teribe y Bri Bri.

Expectativa de vida y envejecimiento

La esperanza de vida en Panamá alcanza 77,73 y es considerada una de las más altas de la región, de acuerdo a lo informado por la Contraloría General de la República en 2016 a través del Instituto Nacional

---

1. Agradecemos a Eidrian Lían Pérez, alumno de la Oxford International School, quien procuró recopilar la información de directorio de asilos en visitas y vía telefónica.

de Estadística y Censo, y el "Perfil de Salud de Panamá 2016". Lo anterior significa que la Relación de Dependencia Total, según la Unidad de Análisis Demográfico del Instituto Nacional de Estadística y Censo en "Envejecimiento Demográfico en Panamá Periodo 1960-2050", se verá incrementada luego de 2020.

Índice de envejecimiento

Según el mismo documento, en 2010 este índice se encontraba en 33,4 y se espera que hacia 2050 Panamá cuente con más adultos de 60 años que menores de 15 años, ya que alcanzaría 129,3 adultos mayores por cada 100 menores de 15 años. Oficialmente en Panamá las mujeres a los 55 años y los varones a los 60 años, son considerados como adultos mayores.

Salud

La atención de salud para las personas mayores está orientada y regida por el Programa Nacional de Salud del Adulto Mayor del Ministerio de Salud, organismo que considera un reto lograr que los adultos mayores obtengan calidad de vida como parte de un envejecimiento dignificado y saludable. Los objetivos que publica en su página web son: elevar el nivel de salud y calidad de vida, evitando una dependencia precoz mediante la detección y tratamiento oportuno de afecciones; orientar a ellos y a sus familiares sobre sus necesidades nutricionales; y asegurar una adecuada adaptación fisiológica y emocional al proceso del envejecimiento, enfermedades, limitaciones, alteraciones y deformaciones tomando las medidas adecuadas de cuidado.

Estos objetivos los cumple por medio de las siguientes actividades: capacitación de personas mayores de 60 años, controles de salud, educación sobre el proceso normal de envejecimiento, enfermedades crónicas, rehabilitación física, mental y social, capacitación continuada al equipo, terapia de ocio, visita domiciliaria a los pacientes crónicos dependientes, creación de grupos de tercera edad y de grupos voluntarios que coadyuven al cuidado del adulto mayor, construcción de casas para actividades e investigación de aspectos relacionados con la adultez mayor de interés para los equipos de salud.

Situación de salud

De acuerdo al Ministerio de Salud, en "Salud Pública de Panamá" (2016, p. 45), las principales enfermedades que se reportan en las distintas clínicas del ministerio a nivel nacional en los adultos mayores, comprendidos en dos grupos etarios (60 a 64 y mayores de 65) son:

	GRUPO DE 60 A 64		GRUPO MAYORES DE 65	
	Enfermedad / padecimiento	Casos	Enfermedad / padecimiento	Casos
1°	Hipertensión arterial	9,167	Hipertensión arterial (primaria)	30,957
2°	Rinofaringitis	4,131	Rinofaringitis	12,823
3°	Lumbalgias no específicas	2,861	Infecciones de vías urinarias	7,389
4°	Infecciones de vías urinarias	2,454	Lumbalgias no específicas	7,478
5°	Obesidad	2,150	Dolores articulares	6,800
6°			Diabetes mellitus	4,414

Asilos y casas de cuidado

Según estadísticas del Ministerio de Desarrollo Social –entidad encargada de velar porque los asilos cumplan con las disposiciones legales, de acuerdo al decreto ejecutivo No. 3 de enero de 1999–, y tal como se desprende de nuestra investigación a través de los distintos directorios que existen, actualmente el país cuenta aproximadamente con cincuenta asilos y casas residenciales para albergar adultos mayores, siendo en su gran mayoría del sector privado. En el caso de los asilos públicos, estos muestran dificultades para brindar todos los servicios por el escaso presupuesto, sin embargo brindan un servicio importante para quienes no pueden pagar. Según informa el Ministerio de Desarrollo Social a través de su página web, los asilos públicos identificados albergan adultos mayores en riesgo social, pobreza extrema o en estado de vulnerabilidad, entre las edades de 60 años en adelante; allí reciben una mejor calidad de vida, buena alimentación, atención médica, recreación y cariño.

Asilos, hogares y residencias privados

En la visita que se realizó a las instalaciones de algunos de los asilos se pudo constatar que la edad promedio de los residentes es de 65 años, siendo casi un 80% población femenina; asimismo, se pudo observar que los espacios son adecuados y limpios, tanto en lo que se refiere a habitaciones como a los espacios destinados a los servicios de enfermería, comedor, espacios para caminar, áreas verdes, escaleras, entre otros.

Situación económica de las personas de edad avanzada

La tasa de actividad económica para las personas de 15 a 19 años fue de 25.8 por ciento. La tasa para las personas de 20 a 54 años permanece elevada, tanto para hombres como para mujeres y empieza a declinar a partir del grupo de 60 y más. Cifras que se ratifican en la información publicada por la Contraloría General de la República a través del Instituto Nacional de Estadística y Censo en el apartado Situación del Mercado Laboral (2016, p. 1) con el número de personas empleadas que se estimó en 1.770.711, donde se refleja un descenso en la actividad económica de las personas mayores.

Educación

La Vicerrectoría de Extensión de la Universidad de Panamá[2] posee una dirección denominada Universidad del Trabajo y la Tercera Edad; esta unidad ofrece estudios en modalidad de cursos presenciales y por módulos, con una duración de tres meses, dando la oportunidad de no pagar matrícula. Para el primer cuatrimestre de 2017 ofertaron 42 cursos con una matrícula de 721 estudiantes adultos mayores. Algunos de los cursos son: natación, mejoramiento muscular, respiración, yoga, entre otros.

Política de envejecimiento activo

La Ley No. 36/2016 contempla que los adultos mayores que aún se sientan productivos pueden seguir trabajando bajo algunas condiciones para los empleadores, como horarios flexibles o un área de trabajo adecuada. Esta ley reconoce que entre las organizaciones civiles se hace la queja de las presiones que ejercen ciertas empresas para que las personas próximas a jubilarse se vayan o sean reemplazadas.

Asistencia social en aspecto financiero

Las personas de 65 años o más, de nacionalidad panameña que estén en situación de pobreza o pobreza extrema, en condiciones de vulnerabilidad, marginación o riesgo social y que no reciban jubilación ni pensión de la Caja del Seguro Social, reciben una ayuda de 120 balboas mensuales, por medio del Programa de Asistencia Económica a los Adultos Mayores, que se rige bajo la Ley No. 15/2014; estos datos son presentados en el Informe Económico y Social de 2016, por la Dirección de Análisis Económico y Social del Ministerio de Economía y Finanzas.

Por su parte, la Caja del Seguro Social en 2018 presupuestó el desembolso de veinte millones de dólares, diez para préstamos personales y diez para préstamos hipotecarios, dirigidos a jubilados y pensionados.

---

2. http://www.up.ac.pa/portalup/VicerrectoriaExtension.aspx?menu=359

Estos préstamos son con interés preferencial de 4,95% con montos desde 2.500 hasta 67.000 balboas, dependiendo de la capacidad de descuento y edad del jubilado.

Normativa y políticas públicas

El desarrollo de la Política Nacional descansa sobre la base de la capacidad constitucional y legal instalada en la Constitución Política de la República de Panamá de 1972, se incorporan algunas disposiciones sobre las personas mayores en los capítulos concernientes a la familia y a la salud de la población, específicamente en los artículos 59 y 109 de la Carta Magna. Asimismo, la adopción del Código de la Familia[3] a mediados de la década pasada plantea que uno de los objetos de intervención del Estado es la familia y dentro de ella las personas mayores, para cuya protección se establecen algunas disposiciones particulares; en el título VI Sobre la Colocación familiar u hogar sustituto: "como primera medida que la autoridad competente obliga a los familiares a recibir al adulto mayor, responsabilizarse y velar por su salud, seguridad física y moral; brindándole a dicha familia la posibilidad de reclamar al resto de los familiares mediante pensión alimenticia los recursos que requiera".

La Ley No. 6 de 1987 fue creada con el objetivo de establecer beneficios a los adultos mayores, hecho que se encuentra en la Carta Magna en los artículos concernientes a la seguridad social. Con el pasar del tiempo fue modificada por distintas leyes hasta llegar a la actual Ley No. 36/2016, donde plantea la creación del Instituto del Adulto Mayor para la aplicación de las políticas del Ministerio de Desarrollo Social a favor de este sector.

Como se puede apreciar en la Gaceta Oficial de la Asamblea Nacional (2016), entre los beneficios establecidos en la Ley 36 se destacan los siguientes: descuentos en actividades de recreación y entretenimiento, transporte, hospedaje, alimentación, atención médica y medicamentos, pólizas de seguro, honorarios técnicos y profesionales, prótesis y aparatos accesorios de ayuda, gastos de comisión y cierre en préstamos personales y comerciales, descuentos en préstamos personales e hipotecarios, congelación del impuesto de inmuebles, pasaportes, energía eléctrica, impuestos de aeropuertos, telefonía, consumo de agua, 100% en el registro público de juntas directivas, de certificaciones y de inscripciones de nuevas personerías jurídicas de las organizaciones sin fines de lucro de jubilados, pensionados y tercera edad, etc.

---

3. Título VI, Sobre la Colocación familiar u hogar sustituto, p. 58.

Los esfuerzos orientados a la atención de la población adulta mayor son realizados fundamentalmente por tres órganos del Estado: Ministerio de Desarrollo Social, Caja del Seguro Social y el Ministerio de Salud.

Intervención institucional

Ministerio de Desarrollo Social

El Ministerio de Desarrollo Social es el ente rector de las políticas sociales del Estado panameño; esta institución lidera la inversión social para el fortalecimiento de las habilidades y capacidades del capital humano del país para lograr la sostenibilidad del desarrollo nacional, vela por la protección social y la regulación de la calidad de los servicios tendientes a prevenir la exclusión social y compensar sus consecuencias.

De acuerdo a lo publicado en su página web, esta dependencia tiene dentro de sus grupos asesores al Consejo Nacional del Adulto Mayor, organismo que tiene por objetivo lograr la integración y participación de los adultos mayores en Panamá, siendo el responsable del desarrollo de políticas públicas a favor de este importante sector poblacional.

Instituto Nacional del Adulto Mayor

De acuerdo a la Ley No. 36/2016, el instituto es la entidad competente para regular y fiscalizar la atención de las personas mayores en las instituciones públicas y privadas de asistencia y protección familiar.

Caja del Seguro Social

La entidad dirige las Casas del Adulto Mayor y los Centros de Actividades Múltiples para los Adultos Mayores por medio de su Dirección de Atención Primaria; estas casas funcionan en el Distrito de San Miguelito, siendo un complemento entre cuidados y atención de salud y actividades.

Despacho de la Primera Dama

Además de encargarse de los acontecimientos sociales y ceremoniales de la Presidencia, esta institución –entre otros encargos– administra las instalaciones del Parque Recreativo y Cultural Omar, lugar en el cual ha puesto en marcha un programa denominado "Actívate Panamá". Este es un programa de acondicionamiento físico donde se practica bailoterapia, tai chi, aeróbicos, natación, entre otras disciplinas.

Instituto Panameño de Deportes: PANDEPORTES

De acuerdo a la Ley Nº 50/2007, el Instituto Panameño de Deportes es un organismo del gobierno encargado de promover, fomentar, dirigir, orientar y coordinar las actividades deportivas aficionadas en todo el territorio nacional, para contribuir a la cabal y armónica formación corporal, espiritual y moral del hombre panameño, haciéndolo así más apto para el ejercicio de sus derechos y el cumplimiento de sus deberes como parte de la sociedad y como ciudadano panameño.

Desarrollo

Situación de la Educación Física en Panamá

La Educación Física en Panamá es concebida como sinónimo de deportes, palabra que se usa indistintamente para hablar de ejercicio físico, actividad física, recreación, deporte y alto rendimiento. Así puede verse en la Ley Orgánica No. 47/1946 de Educación aún vigente, con las modificaciones introducidas por el Artículo 9 de la Ley No 34/1995, en la cual se propone, "Fortalecer y desarrollar la salud física y mental de los panameños a través del deporte y actividades recreativas de vida sana" (p. 5).

La vigencia de este enfoque se puede ver en la óptica del Ministerio de Educación, cuando en su momento la profesora Isis Núñez, Directora Nacional de Currículo del Ministerio, en una entrevista para el diario *La Prensa* en el año 2014 aseguró que "la enseñanza de la Educación Física, con la implementación del nuevo sistema de reforma educativa, cumple con lo establecido en la Ley Orgánica 47 de Educación"; afirmando además que "la asignatura de Educación Física mantiene su estatus como materia necesaria para fortalecer la formación de competencias y lograr un individuo con una formación integral".

En Panamá existe un único currículum para todo el país, y rige tanto para las escuelas particulares como para las públicas; en ambos casos ha sufrido reducción de horas semanales en los niveles de la educación básica general, hasta convertirse en materia optativa en algunos bachilleratos en los cuales ha perdido su condición de asignatura obligatoria.

A diferencia de otros países, en el Ministerio de Educación de Panamá no existe un departamento de Educación Física, teniendo solo tres supervisores de la asignatura para cubrir los 7.350 planteles a nivel nacional.

Impacto de la Educación Física como asignatura

Para llegar a cumplir los propósitos de una educación integral, el plan de estudios de la asignatura se ha dividido en cinco áreas básicas que son: recreación al aire libre, fisiología de la Educación Física, educación motriz, danzas y bailes folclóricos y educación deportiva. Se puede comprender que algunos de estos contenidos sean parte de los programas ofrecidos para las personas mayores, aunque no se reconozca de esa manera ni exista la metodología didáctica correspondiente.

Formación de profesionales de la Educación Física

En Panamá la formación del recurso humano en cultura física y sus ciencias aplicadas se lleva a cabo por el sector universitario y los institutos técnicos superiores. En la actualidad existen dos programas técnicos, cuatro licenciaturas y cuatro maestrías.

Basados en el análisis de las mallas curriculares se ha podido constatar que ninguno de los planes de estudio brinda la formación específica de Educación Física con adultos mayores, motivo por el cual no existe desde el sector universitario un discurso que proporcione sustento teórico a esta práctica; se evidencia, en efecto, la ausencia de trabajos de grado, investigación o prácticas pedagógicas orientadas a propiciar propuestas a este sector de la población.

Enfoque escolarizado

Como en muchos países de Latinoamérica, en Panamá la concepción general de la asignatura en su práctica tiene un enfoque deportivo, con poca importancia ante las asignaturas dirigidas a la comprensión lectora, lógica-matemática e inglés. Una asignatura en la cual la calificación de los alumnos debe corresponder con el rendimiento académico general, desvirtuando la inteligencia kinestésica, considerada por muchos padres de familia como una asignatura imposible de fracasar.

En este mismo sentido no existe la concepción de Educación Física como un conocimiento para toda la vida, que fortalece la esfera cognitiva y emocional de los individuos, cuyos conocimientos rebasan los aspectos procedimentales. Esta forma de concebir la Educación Física impide propuestas hacía otros sectores, no solamente a las personas mayores, en el mismo caso se encuentran personas con cierta discapacidad, enfermos terminales y otros sectores de poblaciones en riesgo social como jornaleros, privados de libertad, refugiados, etcétera.

Estas razones se generalizan a las instituciones públicas, privadas y ONG cuando se elaboran programas o proyectos en beneficio del adulto mayor, en los cuales a pesar de que se imparten contenidos de Educación Física, se habla de paseos, bailes, ejercitación, recreación y deporte.

Participación institucional

Oficialmente son tres instituciones a las cuales corresponde la atención de los adultos mayores: Ministerio de Desarrollo Social, Caja del Seguro Social y Ministerio de Salud. En el caso de la Educación Física se suman algunas más hasta donde se pudo conocer: Instituto Panameño de Deportes, Despacho de la Primera Dama, asilos y residencias para ancianos, Asociación de Adultos Mayores y Personas de la Tercera Edad y Arzobispado de Panamá.

Ministerio de Desarrollo Social

A través de su Dirección de Políticas Sociales contribuye en las acciones de la Federación Nacional de Asociaciones de la Tercera Edad de la República de Panamá, a fin de apoyar a las asociaciones de tercera edad en las distintas provincias y sus unidades encargadas de dirigir el deporte para que puedan promover distintas prácticas deportivas entre sus miembros.

Instituto Nacional del Adulto Mayor

Adscrito al Ministerio de Desarrollo Social, con el apoyo del Ministerio de Educación, la Dirección General del Instituto Nacional de Cultura y del Instituto Panameño de Deportes, promueve y apoya los programas y espacios que generan agrupaciones civiles, gubernamentales, ONG e iniciativas privadas para estimular el desarrollo de las potencialidades y capacidades físicas, culturales, deportivas y recreativas de los adultos mayores. En el interior de la República corresponde a los municipios la misión de articular y apoyar esas acciones.

Caja del Seguro Social

La Caja del Seguro Social apoya a la Federación Nacional de Asociaciones de la Tercera Edad de la República de Panamá con instalaciones para efectuar reuniones y práctica de actividades sociales, culturales, artísticas y ocasionalmente deportivas en el Centro de Formación y Recreación. Además de apoyarle con la elaboración de exámenes médicos necesarios para participar en actividades y competencias.

Municipio de Panamá

De acuerdo a los datos proporcionados por el profesor de Educación Física Jaime Smith, el cual realizó en conjunto con el profesor Roberto Duarte en 1992 la única investigación, hasta donde se ha conocido, sobre Educación Física y adultos mayores, en ese tiempo se tenía bien establecida la organización para dar Educación Física a este sector, participaban instituciones como el Banco General patrocinando con 50.000 balboas; sin embargo ha decaído mucho, atribuido a que los miembros de la Federación Nacional de Personas de la Tercera Edad no ha permitido la asesoría de las instituciones. A la fecha, por iniciativa de los encargados de las piscinas municipales, la dependencia imparte la actividad de acuaeróbicos, a donde asisten un promedio de 45 personas en cada una de ellas. Actualmente el municipio sigue facilitando el uso de las instalaciones deportivas bajo su administración, cabe mencionar que es la mayor cantidad de las que existen en la ciudad de Panamá, además de los 315 parques, de los cuales, en el Parque Recreativo y Cultural Omar, Andrés Bello en Vía Argentina, Benito Juárez en el Carmen, Las Mercedes en el Dorado y de Betania se han instalado máquinas para que los adultos mayores puedan realizar ejercicios físicos.

Despacho de la Primera Dama

En el Parque Recreativo y Cultural Omar, bajo la administración del Despacho de la Primera Dama, existe el Programa "Actívate Panamá" que como mencionamos anteriormente ofrece actividades recreativas para los adultos mayores. Las actividades se imparten en horarios matutinos de lunes a viernes con instructores de Pandeportes; según expresa el profesor Juan Pinzón, encargado de las actividades de Educación Física desde 1995, el grupo cuenta con treinta participantes regulares. Para estas actividades trabaja con pesas livianas, ligas y palos de escobas, además de ello utiliza el baile como actividad complementaria, y las participantes mayoritariamente son mujeres de 50 años en adelante.

En la piscina del mismo parque se imparte acuaeróbicos, actividad que forma parte del mencionado programa, dirigida por el atleta Edgardo Miranda Berche, quien menciona que la actividad inicia con el registro ante las oficinas del Despacho de la Primera Dama, presentando constancia de buena salud y dos fotografías, además cada sesión tiene un costo de dos balboas; las clases se imparten los lunes y jueves en un horario de 7:00 a 8:00 de la mañana con una asistencia de veinticuatro participantes mayores de 50 años.

Instituto Panameño de Deportes

Esta institución junto a la Caja del Seguro Social iniciaron en febrero de 2016 el programa "Actividad Física para Adultos Mayores". Las acciones cuentan con la colaboración de la Dirección Técnica de Deportes y Recreación y el Departamento de Deportes Para Todos, además del apoyo médico de la Unidad Local de Atención Primaria de Salud, del Corregimiento de Juan Díaz.

Este proyecto a cargo del metodólogo del deporte Ismael Ortega Méndez –quien asegura que en las distintas actividades están matriculadas 170 personas, de las cuales activamente asisten 127– tiene como finalidad mejorar la calidad de vida en los adultos mayores a través del deporte, para evitar enfermedades crónicas como diabetes, hipertensión, obesidad, entre otras. La inscripción es gratuita y abierta para todo adulto mayor que desea mejorar su calidad de vida. En este programa participan diferentes grupos de personas mayores como la Asociación de Jubilados de la Caja del Seguro Social y Residentes del Corregimiento de Juan Díaz; las actividades son: tai-chi, natación, aérobicos, preparación física, boxeo, biodanza. Por medio del ejercicio físico, se trabaja la coordinación motriz, la flexibilidad, el fortalecimiento del aparato vestibular. Los días en que asisten los participantes son lunes, miércoles y viernes. Este programa utiliza todas las instalaciones de Pandeportes, como el estadio de fútbol Romel Fernández –con su pista de atletismo de tartán–, el gimnasio Roberto Durán con capacidad de más de ochocientos expectadores –uno de los gimnasios más representativos de Panamá–, la cancha de fútbol Cascarita Tapia y la piscina olímpica Aileen Coparropa.

Federación Nacional de Asociaciones de la Tercera Edad de la República de Panamá

De acuerdo a la señora Judith Galiali, presidenta de la unidad de deportes de la Asociación Nacional de Adultos Mayores, los miembros solamente necesitan presentar una constancia de salud y pagar cinco balboas para participar en los entrenamientos del deporte que les interesa. Principalmente las instalaciones que se utilizan son del Municipio de Panamá, la Caja del Seguro Social, Pandeportes y el Club de Leones.

Los miembros de la asociación en Panamá y las provincias del interior se congregan para participar esencialmente en los Juegos Florales Nacionales que vienen siendo sus juegos olímpicos; estos juegos reúnen en sus etapas regionales hasta 1.600 participantes cuyos ganadores representan a la provincia en la etapa nacional con una asistencia de hasta 1.100 participantes seleccionados en cada disciplina deportiva de las distintas provincias.

La Asociación Nacional de Deportes para Adultos Mayores convoca y da a saber la cantidad de participantes para que las instituciones que apoyan reúnan los recursos necesarios. Los deportes en que se participa son: natación, atletismo, aeróbicos, softbol, gimnástica en las ramas masculina y femenina a partir de los 50 años. La Caja del Seguro Social brinda servicio médico y ambulancia durante la competencia, el Ministerio de Desarrollo Social, Pandeportes entre otras instancias apoyan con los recursos económicos y de logística. Otras agrupaciones como el Club de Voleibol promueve este deporte entre los asociados, de acuerdo al Sr. Arcelio Quiñones, quien funge como asesor deportivo.

Asilos de ancianos

Existen aproximadamente 46 asilos para atender a los adultos mayores en caso de que ya no puedan o deseen permanecer en sus hogares, se les concibe además como residenciales, casas, albergues y hogares, y la totalidad brinda cuidados médicos, alimento, habitación y atención geriátrica.

En cuanto a servicios como lavandería, televisión, internet, actividades en distintas áreas verdes, solamente las empresas privadas cuentan con ellos, que también van desde las modestas hasta las de lujo. En este mismo orden, de acuerdo a la entrevista telefónica y visita de algunos de los hogares, solamente once brindan ejercicios físicos, dos de ellas distinguen las actividades de motricidad, otros cuatro hogares o asilos solamente les brindan paseos en sus áreas verdes. Los hogares con actividades recreativas se refieren a juegos de mesa como actividades para ejercicio de su memoria y otras solo como entretenimiento.

La Residencia Años Dorados en las Garzas de Pacora, bajo la administración de la Alcaldía de Panamá, fue en su momento el primer hogar donde se brindaron actividades de Educación Física con profesionales idóneos; actualmente solamente brinda albergue a los adultos mayores sin familia y sin recursos para cubrir sus necesidades básicas, donde se les ofrece generosamente un techo digno, vestido y alimentación permanente.

Conclusiones

A continuación, presentaremos un breve análisis a partir de lo expuesto en el capítulo.

- Tanto la Constitución de la República de Panamá como las Leyes No. 18/1989; 15/1992; 45/1995; 37/2001; 14/2003; 51/2005 y 30/2008;

los decretos y documentos normativos de las instituciones oficiales; el Ministerio de Desarrollo Social; Programas de Pandeportes; Programas del Municipio de Panamá; el Instituto Nacional de Adultos Mayores, entre otros, mencionan que la atención física es a través del deporte. Esta forma de nombrar genéricamente todo lo que se refiere a la actividad física, evita que exista una orientación a la Educación Física del adulto mayor que le posibilite tener estilos de vida saludables a través del movimiento, el descanso y la alimentación, que son contenidos de la asignatura.
- Panamá se encuentra en plena transición demográfica con una creciente población de adultos mayores cada vez más longeva y con mayor incidencia de enfermedades crónicas.
- A pesar de que algunos educadores físicos participan como atletas, entrenadores o como apoyo en la organización, son escasas las intenciones para proponer iniciativas de atención a este sector.
- Institucionalmente no existe en la praxis acciones de Educación Física de manera formal; si existen, son por iniciativa de entrenadores o ex atletas.
- De acuerdo a la concepción y contenidos aprobados como país para la Educación Física, se puede comprender que algunos de ellos sean parte de los programas de las Asociaciones de la Tercera Edad, organismos públicos y ONG.
- Aunque no se la reconozca, se puede inferir que los adultos mayores participan en actividades de Educación Física a pesar de que no son nombradas de esta forma.
- La Educación Física no es una práctica común entre los adultos mayores panameños.

Recomendaciones

- El Ministerio de Desarrollo Social, como rector del funcionamiento y respeto a la normativa de los asilos y hogares para ancianos, debe considerar la Educación Física como parte de los servicios que ofrecen, toda vez que actualmente ni los administradores ni los familiares y los propios adultos mayores lo han considerado como importante.
- Como parte de las acciones de salud preventiva, todas las intervenciones en materia de Educación Física que se hagan a nivel nacional, tanto en instalaciones recreativas, deportivas y asilos, deberán ser parte de un protocolo nacional de investigación de salud preventiva.
- La adecuación del sistema de salud debe acompañarse con una oferta de servicios especializados de Educación Física que aborde de manera integral y científicamente estas actividades.

- Deberán de existir cambios en el sistema educativo y otros de asistencia social. Consideramos importante construir escuelas, no obstante, visto los cambios a producirse en la demografía a nivel mundial, los funcionarios deben construir o pensar en más sistemas adaptados a las personas mayores.
- El sector salud en su programa de salud preventiva deberá orientar a la población adolescente y joven a llevar hábitos de vida saludable que eviten enfermedades como osteoporosis, diabetes o hipertensión.
- Las instituciones de Educación Superior deberán dirigir su oferta educativa hacia programas que den respuesta a las necesidades de Educación Física de los adultos mayores.
- La Educación Física debe verse como una práctica a lo largo de toda la vida, por medio de la cual nos educamos físicamente por el movimiento y hacia el movimiento, atendiendo las necesidades de cada una de las etapas de nuestra vida.

Referencias bibliográficas

Asamblea Legislativa de Panamá. Ley N° 3 de 17 de mayo de 1994, por el cual se aprueba el "Código de la Familia".

Asamblea Legislativa de Panamá. Ley N° 34 de 6 de julio de 1995, por la cual se deroga, modifica y subrogan artículos de la Ley 47 de 1946, Orgánica de Educación.

Asamblea Nacional, Secretaría General, Trámite Legislativo 2014-2015, Anteproyecto de Ley 122, Que crea la Ley del Adulto Mayor y el Instituto Nacional del Adulto Mayor.

Contraloría General de la República, Instituto Nacional de Estadística y Censo, Comentarios a la Situación del Mercado Laboral, agosto 2016.

Contraloría General de la República, Instituto Nacional de Estadística y Censo, Envejecimiento Demográfico en Panamá. 1960-2050, año 2016.

Contraloría General de la República, Instituto Nacional de Estadística y Censo, Panamá en Cifras, años 2012-2016.

Gaceta Oficial Digital, jueves 4 de agosto, Ley 36 de agosto de 2016.

Ministerio de Desarrollo Social, Dirección de Servicios de Protección Social, Departamento de Centro de Orientación y Atención Integral (COAI), Estadísticas Nacionales, año 2017.

Ministerio de Economía y Finanzas, Dirección de Análisis Económico y Social, Informe Económico y Social – 2016.

Ministerio de Economía y Finanzas, Ministerio de Desarrollo Social, Instituto Nacional de Estadística y Censo, Índice de Pobreza Multidimensional de Panamá: Año 2017.

Ministerio de Salud de Panamá, Dirección de Planificación Nacional, Perfil de Salud de la República de Panamá 2016.

Programa de las Naciones Unidas para el Desarrollo PNUD, Atlas de Desarrollo Humano Local: Panamá 2015.

— 8 —
Educación Física y adulto mayor: el caso de Colombia

Jhon F. Ramírez-Villada y Carlos M. Arango Paternina
(COLOMBIA)

Introducción

La transición demográfica es una modificación de la concentración de un grupo particular de la población total que ocupa un territorio definido respecto a otra, un fenómeno que viene siendo documentado a nivel mundial, incluso en países de lento crecimiento económico, entre los que se encuentran aquellos localizados en Centroamérica y Sudamérica. Al respecto, se estima que una de cada cinco personas será clasificada como "adulto mayor" para 2050, de hecho, las cifras estadísticas describen un incremento paulatino pasando del 8% en 1950, al 10% en 2000 y proyectándose al 21,4% a 2050, datos explicados, en parte, por un descenso del número de sujetos menores de 15 años acompañados de un incremento de adultos en edad laboral y mayores de 50 años (He, Goodkind y Kowal, 2016).

Sobre el fenómeno, el reporte oficial más reciente para Colombia establece un incremento en las cifras poblacionales totales donde se pasa de 48.658.000 (2016) a 54.927.000 de habitantes con un promedio general de edad de 43,4 años (2050), de los cuales, el 39% serán clasificados en adultos mayores de 60 años, es decir, cerca 21.423.000 de personas (2050), con una esperanza promedio de vida que en 1974 era de 62,3 años y para 2017 rondaba los 76,1 años (Departamento Nacional de Estadística, 2007).

Lo descrito en Colombia se encuentra alineado con los cambios informados en el conjunto de países latinoamericanos, donde las tasas de fecundidad y mortalidad han disminuido, donde se da una concentración de la población cerca de los centros urbanos desarrollados lo cual permite el acceso a los servicios básicos (salud, educación, otros), donde ha mejorado la cobertura sanitaria, entre otros factores, facilitando el incremento de las condiciones de salud y calidad de vida en mayores de 60 años.

En contraste con un incremento promedio de años de vida que está cerca de los 80 años de edad, las principales causas de muerte del adulto mayor colombiano son la enfermedad isquémica del corazón (el 20% de los hombres y el 18,8 % de las mujeres mayores de 60 años), enfermedades crónicas de las vías respiratorias internas (9,5% en hombres, 12,1% en mujeres); cerebrovasculares (9,4% en hombres, 7,9% en mujeres); hipertensivas (4,6% en hombres, 6,6% en mujeres) y diabetes Mellitus (4,2% en hombres, 5,3% en mujeres) (Departamento Nacional de Estadística, 2007; Fundación Saldarriaga Concha y Fedesarrollo, 2015).

A los registros de morbilidad y mortalidad, se aportan datos reveladores que se desprenden del reporte sobre la evaluación de la calidad en el acceso y atención de los servicios de salud público vs. privado en la ciudad capital Bogotá[1] y en este grupo poblacional particular (Pérez *et al.*, 2006), el cual establece que de veinte unidades de cuidado intensivo, los cuatro centros de atención con más baja mortalidad pertenecían al sector privado, mientras cuatro de las cinco con mayor mortalidad pertenecían al sector público, es decir, existe una diferencia en la tasa de supervivencia en dependencia de la capacidad económica del aportante, donde es necesario aclarar que no se evalúa exclusivamente la cobertura y acceso a los servicios de salud, sino también la calidad y eficiencia asistencial.

Otro elemento a tener en cuenta se desprende de un informe publicado en 2017 (Facultad de Medicina de la Universidad de La Sabana y la Asociación Colombiana de Gerontología y Geriatría, 2017) donde se describe que de los 5.750.000 adultos mayores en 2017, más de 4.255.000 (74%) no tiene pensión. La estadística publicada deja una seria reflexión sobre la calidad y estilo de vida de los adultos mayores en Colombia, considerando que no tienen la capacidad de atender sus necesidades básicas vitales.

Ante la crisis pensional que aqueja a los mayores de 60 años, se ha generado el programa alternativo denominado Colombia Mayor, cuya cobertura tuvo en solo dos años (de 2012 a 2014) un incremento del 100%, pasando de 718.000 a 1.470.000 cupos asignados, un programa centrado en todo el territorio nacional con grupos sociales vulnerables en condiciones de pobreza e indigencia (Fundación Saldarriaga Concha y Fedesarrollo, 2015). Sumada a la propuesta de Colombia Mayor, el estado colombiano viene impulsando una propuesta orientada a los trabajadores informales que no alcanzan los requisitos legales para una pensión, denominado Beneficios Económicos Periódicos, un ahorro vo-

---

1. El reporte es interesante, debido a que la ciudad de Bogotá D.C es la capital del Colombia, cobijando a más de 8.080.000 de habitantes (cifras oficiales), ocupando el primer puesto respecto a las demás ciudades del territorio nacional (Fuente: Página oficial del Departamento Administrativo Nacional de Estadística. http://www.dane.gov.co/).

luntario a través de cuentas especiales de ahorro a largo plazo, donde el estado otorga hasta el 20% del total del dinero ahorrado al momento de cumplir la edad pensional.

No obstante, se hace necesario junto a la reforma pensional inminente, incrementar el 0,01% del PIB que actualmente se destina a Colombia Mayor, a niveles más acordes con los estándares latinoamericanos, del orden del 0,04% del PIB donde algunos analistas proyectan que debería elevarse al 0,21% del PIB para llegar a cubrir a todos los adultos mayores de bajos o nulos ingresos económicos (Filgueira y Espíndola, 2015). Lo mencionado plantea el reto de una reforma estructural pensional junto a las iniciativas Colombia Mayor y Beneficios Económicos Periódicos, que, dado el contexto político actual, activa la alarma con cerca de 3,5 adultos mayores en constante incremento a 2018 que no cuentan con un ingreso económico estable.

A los datos expuestos debe sumarse la tasa de dependencia en mayores de 60 años[2], que en Colombia y para el año 1951 era del 9,8% en contraste con lo esperado para 2020 con una cifra que supera el 20,4% (Departamento Nacional de Estadística, 2007), donde las proyecciones teóricas reportadas inicialmente serán superadas si se considera nuevamente el número de personas carentes de ingresos económicos por pensión u otras figuras de apoyo al adulto mayor sugeridas por el gobierno de Colombia para atender la inminente crisis.

Como dato complementario a la información expuesta, es pertinente hablar de la línea de pobreza, un indicador importante a considerar respecto al fenómeno de transición demográfica, ya que, para el caso de los mayores de 60 años, implica el mínimo ingreso requerido para acceder a la canasta básica de alimentos. Además, el valor en pesos necesario por persona a 2016 para vivir con condiciones mínimas era de 241.673 pesos colombianos, a lo cual se debe advertir que en Colombia se accede a una pensión que es inferior al sueldo con el cual se finaliza la edad laboral y, como ya fue mencionado, un grupo muy reducido de adultos mayores tienen ese beneficio legal. Por tanto, sumando los tres elementos descritos, las condiciones de vulnerabilidad y pobreza del adulto mayor en Colombia podrían ser superiores a los reportes oficiales, reduciendo las condiciones de salud y calidad de vida.

Por otro lado, en Colombia existen algunos estudios donde se analizan las variables condición socioeconómica, edad y género frente a las

---

2. Concepto que hace referencia al "índice de dependencia que mide el promedio de personas económicamente dependientes por cada cien personas económicamente activas, en una determinada área geográfica y en un tiempo determinado". Referencia: CEPAL. Transformaciones demográficas y su influencia en el desarrollo de Latinoamérica y el Caribe. Trigésimo segundo período de sesiones de la CEPAL. Santo Domingo, República Dominicana, 2008.

políticas y programas dispuestos por el gobierno para atender el incremento de las tasas de morbilidad y mortalidad, una información útil que permite tener una mirada amplia del estado del fenómeno. Al respecto y considerando de manera particular los adultos mayores, algunos estudios de alcance local como Davila *et al.* (2013), Gómez *et al.* (2013) y de manera específica el estudio de González *et al.* (2014), describen una tasa de sedentarismo elevada para este grupo en particular. De hecho, González *et al.* (2014) informan que en sujetos entre 50-64 años de edad la tasa de prevalencia de la práctica de actividad física fue tan solo del 15,3%, un estadístico que cobra valor considerando que dicho estudio fue aplicado con un diseño muestral probabilístico, de conglomerados, estratificado y de varias etapas en la selección de una muestra nacional de 50.670 hogares (González *et al.*, 2014).

Lo descrito se articula con reportes globales de actividad física en los que se indican que las personas mayores representan el grupo poblacional con menores niveles de actividad física a nivel global (Hallal et al., 2012) y con informes del Ministerio de Salud, donde se advierte que uno de cada cuatro adultos mayores en nuestro país es completamente sedentario, el 21,2% realiza algún ejercicio que mejora su estado de salud, el 52,7% no realiza ningún tipo de actividad física y tan solo el 18,8% de los adultos mayores realizan ejercicios de estiramiento y fortalecimiento (Ministerio de Protección Social, 2014).

La Educación Física en el adulto mayor: el caso de Colombia

Las políticas públicas de atención a las personas mayores se han formulado en iniciativas nacionales y municipales. El gobierno de Colombia, a través del Ministerio de Cultura, ha abanderado un acuerdo nacional con relación al deporte, la recreación, la Educación Física y la actividad física, el cual ha sido denominado "Plan decenal del deporte, la recreación, la Educación Física y la actividad física, para el desarrollo humano, la convivencia y la paz" para el periodo 2009-2019. El plan decenal es resultado de un año de consultas y concertación nacional con los departamentos, los municipios y los organismos del deporte, la recreación, la educación y la actividad física a favor del desarrollo humano, la convivencia y la paz.

Uno de los componentes de dicha propuesta está soportado en la Educación Física desde la perspectiva de la recreación, la actividad física para la salud y el deporte recreativo, que es abordado a nivel nacional y donde se incluye población especial de adulto mayor. En esta directriz se inscribe el programa "Nuevo comienzo: Otro motivo para vivir" implementado desde la Fundación Colombiana de Tiempo Libre y Recreación, el cual tiene sus orígenes en 1999, como resultado de la formulación del Plan

Nacional de Recreación, y que tiene como característica el empoderamiento de las localidades para la promoción de cultura y la recreación en las diferentes regiones del país. Es destacable que el programa Nuevo Comienzo ha persistido y sus encuentros anuales a nivel municipal y departamental se han implementado de manera consistente por cerca de veinte años (FUNLIBRE, 2018).

La forma de materializar dicha propuesta es trabajar los componentes mencionados con la comunidad empleando los escenarios públicos (abiertos y cerrados) con el control e intervención de profesionales del área de la Educación Física, en colaboración de tecnólogos o técnicos capacitados por el Servicio Nacional de Aprendizaje (organismo público) en apoyo de redes locales y regionales.

Igualmente, los esfuerzos gubernamentales incluyen la formulación de la Política Colombiana de Envejecimiento Humano y Vejez 2014-2024 desde el Ministerio de Salud (2014). En este documento se exponen los fundamentos que sustentan la política pública del Estado en cuanto a la atención de la población adulta mayor. De manera interesante, se plantea un enfoque multisectorial que agrupa diferentes agencias gubernamentales en la aplicación de la política pública y se parte de la premisa que el envejecimiento activo no debe restringirse a hábitos de actividad física, sino que, además, implica una participación activa en las demás esferas de la vida, incluyendo lo social, político, económico, cultural y espiritual. Es decir que la atención a esta población debe estar dirigida a que los adultos mayores adquieran y mantengan hábitos de actividad física, de participación y autonomía, y tengan una reducida dependencia funcional (Ministerio de Salud, 2014).

Sobre el tema se plantean cuatro ejes estratégicos: promoción y garantía de los derechos humanos de las personas mayores, protección social integral, envejecimiento activo y formación del talento humano e investigación. En particular, el eje de envejecimiento activo se desarrolla en tres líneas de acción: creación y fortalecimiento de espacios y entornos saludables, construcción de culturas del envejecimiento humano y el bienestar subjetivo en la vejez y promoción, incorporación y práctica de estilos de vida saludable. Sobre las líneas mencionadas, debe resaltarse que los licenciados en Educación Física tienen un rol preponderante desde la formación, ya que permiten una implementación diversa de la propuesta al acercarse a los objetivos planteados desde la actividad física, la educación del físico (cultura de promoción y prevención), la recreación, las danzas, las prácticas tradicionales, etc., lo cual facilita el trabajo particular o integrado de las diversas esferas humanas del adulto mayor (Ministerio de Salud, 2014).

En sintonía con esta política nacional, en algunas ciudades del país como Medellín (Plan Gerontológico 2017-2027), Manizales (Plan 2015-

2023) y Bogotá (2010-2025), se han formulado planes municipales de atención a las personas mayores. En todas ellas el componente de envejecimiento activo es un área de especial interés para la política pública municipal. Es importante resaltar que, aunque estas iniciativas nacionales y municipales evidencian una disposición política, son atractivas y plantean metas y estrategias de monitoreo, es necesario fortalecer la cultura comunicacional de estas propuestas, debido a la dificultad de rastrear la calidad e impacto de dichos programas con los adultos mayores.

Educación Física e investigación con adultos mayores: algunos ejemplos destacados

Un reto importante para los programas comunitarios es la cobertura y la adherencia. Durante el diseño y la implementación de programas se deben tener en cuenta las diferencias en los intereses marcados por el género en torno a la práctica de ejercitaciones físicas. Se ha indicado, por ejemplo, que los hombres mayores tienden a sentirse atraídos por actividades organizadas como deportes o ejercicios dirigidos, mientras que las mujeres prefieren actividades comunitarias sociales (Strawbridge *et al.*, 1993). Es decir, los hombres mayores requieren de actividades que impliquen un reto o exigencia física y las mujeres son más atentas a actividades de disfrute.

Atendiendo a lo descrito, existe una literatura compuesta por trabajos académicos (pre-grado, maestría, doctorado), publicaciones científicas, informes oficiales/no oficiales, entre otros, que da cuenta del aporte diverso desde la Educación Física a los problemas del adulto mayor colombiano. No obstante, hablar de manera completa de todas y cada una de esas propuestas desbordaría la pretensión del presente capítulo, motivo por el cual se presentará al lector algunos ejemplos particulares destacados. Para dar mayor claridad y utilidad a esa información, los autores filtramos dichos documentos, tomando como criterio la rigurosidad metodológica para su implementación, de manera que pueda extraerse información general sobre variables de programación, contenidos abordados, entre otros aspectos (presentamos al lector una tabla que intenta esbozar algunas de las propuestas nacionales implementadas, la región, las características de la propuesta, entre otros aspectos):

Tabla 1. Ejemplos de algunos estudios realizados en Colombia con adultos mayores desde la mirada de la Educación Física

Región	Referencia	Año	Edad	Características generales del programa	Observación general
1. Popayán	(Chalapud-Narváez & Escobar-Almario, 2017)	2017	Total participantes:57; Edad 60-80 años	Frecuencia semanal: 2; Duración total del programa: 4 meses; Contenidos: **ejercicios de postura, propiocepción, equilibrio y fuerza muscular**; Control de la intensidad: se tomó como referencia la frecuencia cardíaca, una intensidad de los ejercicios entre el 54% al 75% de la frecuencia cardíaca máxima teórica.	Programa orientado a mejorar la fuerza muscular y el equilibrio en adultos mayores.
2. Manizales	(Vidarte Claros, Quintero Cruz, & Herazo Beltrán, 2012)	2012	Total participantes:38; Edad 64-78 años	Frecuencia semanal: 3; Duración total del programa: 4 meses; Contenidos: **fuerza y flexibilidad**; Control de la intensidad: El método de entrenamiento fue el progresivo escalonado con cargas submáximas, entre el 55 y 65% en la fase general, entre el 65 y 75% en la fase específica. Se empleó la Frecuencia Cardíaca de trabajo entre 75%-85%.	Programa orientado a la funcionalidad del adulto mayor.
3. Manizales	(Vélez Alvarez & Vidarte Claros, 2016)	2016	Total participantes: 78; 53-88 años	Frecuencia semanal: 3; Duración total del programa: 15 semanas; Contenidos: **resistencia aeróbica, fuerza, flexibilidad y educación para la salud**; Control de la intensidad: 75%-85% de la Frecuencia cardíaca. La fase inicial o de calentamiento tenía una duración de 10 minutos, la fase central de 40 minutos y la fase final o de recuperación fue de 10 minutos.	Programa orientado a controlar hipertensión arterial.
4. Bogotá	Ramírez-Villada (Ramírez-Villada, Leon-Ariza, Arguello-Gutierrez, & Porras-Ramirez, 2016)	2016	Total participantes: 35; 56-64 años	Frecuencia semanal: 3; Duración total del programa: 6 meses; Contenidos: **fuerza y flexibilidad**; duración de la sesión: 1 hora; Control de la intensidad: El método de entrenamiento fue el progresivo escalonado con cargas submáximas, entre el 55 y 65% en la fase general, y entre el 65 y 80% en la fase específica. Se empleó la Frecuencia Cardíaca de trabajo entre 60%-85%.	Programa orientado a mejorar la composición corporal, la fuerza y la densidad mineral ósea de mujeres posmenopáusicas.
5. Bogotá	(Villada, Ariza, Jiménez, & Sepúlveda, 2016)	2016	Total participantes: 60; 53-66 años	Frecuencia semanal: 3; Duración total del programa: 22 semanas; Contenidos: **fuerza con multisaltos aplicados en superficie blanda**; duración de la sesión: 1.20 hora; Control de la intensidad: El método de entrenamiento fue el progresivo escalonado con cargas submáximas, entre el 55 y 65% en la fase general, entre el 65 y 80% en la fase específica. Se empleó la Frecuencia Cardíaca de trabajo entre 60%-85%.	Examinar los efectos de un programa de entrenamiento sobre la composición corporal, la capacidad funcional y la glucosa capilar de mujeres adultas mayores.
6. Montería	(Pacheco, Hoyos, Watts, Lema, & Arango, 2016)	2016	Total participantes 25; 60-76 años	Frecuencia semanal: 3; Duración total del programa: 36 semanas; Contenidos: **Bailes folclóricos del Caribe colombiano**; Control de la intensidad: Monitor de frecuencia cardíaca y escala de Börg.	Estudio de viabilidad en una población de estrato socioeconómico bajo.
7. Cali	(Figueroa, Ortega, Plaza, & Vergara, 2014)	2013	Total participantes 35; 60-83 años	Frecuencia semanal: 3; Duración total del programa: 12 semanas; Contenidos: **la capacidad aeróbica, la fuerza y resistencia, y el equilibrio dinámico**; Control de la intensidad: No Informado.	Estudio orientado a la capacidad funcional general del adulto mayor

Ahora bien, las propuestas esbozadas son de las tantas que vienen ejecutándose en el marco de programas nacionales como el dirigido desde COLDEPORTES, denominado "programa para el adulto mayor", el creado por las regiones (departamentos) nombrados "Adulto Activo" o algunos de naturaleza no gubernamental como el dirigido por la fundación de tiempo libre y recreación FUNLIBRE, todos con contenidos diversos, destacándose el juego (programa canitas al juego), jornadas recreativas, deportivas, pasaporte vital (bono creado para integrar al adulto mayor a todas las actividades), festivales de aventura y recreación, ferias de antaño (invitando adultos mayores en representación de diferentes regiones del país y concentrándose en una ciudad), actividades creativas, intergeneracionales, talleres de autocuidado, de legislación del adulto mayor, de psicología de la vejez, entre otros.

Vale la pena mencionar que el proceso de traducción de esta evidencia científica en acciones prácticas debe surtirse a partir del escrutinio de los elementos de la validez externa de cada estudio, es decir, la evaluación de qué tan replicables son los hallazgos a otras poblaciones, diferentes a las cuales conformaron la población de los estudios. Para este propósito, es de utilidad la propuesta de evaluación de validez externa de Green y Glasgow (2006), denominada *RE-AIM* –por sus siglas en inglés– en las que se describen cinco elementos de validez externa: Alcance *(Reach)*: entendido como el número de participantes o el porcentaje de personas que reciben o se ven afectados por un programa. *Efectividad (effectiveness)*: descrita por información de impacto o resultados positivos y negativos de las intervenciones en desenlaces claves, en calidad de vida y la consistencia de los hallazgos en diferentes subgrupos poblacionales. *Adopción (Adoption)*: referida a la proporción y la representatividad de los entornos, como los sitios de trabajo, los departamentos de salud o las comunidades, que adoptan una determinada política o programa. *Implementación (Implementation)*: la medida en que el programa se desarrolla o implementa según lo previsto y planeado. Y *Mantenimiento (Maintenance)*: medida en que una iniciativa o política de promoción de la salud es sostenida en el tiempo y se convierte en rutina y parte de la cultura y las normas cotidianas de una organización. La evaluación de los elementos de la validez externa, al igual que los de la validez interna de los estudios, representan un insumo de vital relevancia para el diseño, implementación y evaluación de iniciativas o programas orientados a la promoción de la salud en general (Green y Glasgow, 2006), y fomento de la práctica de ejercitaciones físicas en particular.

Conclusiones y reflexiones finales

Es evidente que el fenómeno de transición demográfica genera retos a corto, mediano y largo plazo para cualquier gobierno. En el caso de los países latinoamericanos, el efecto puede tener serias repercusiones económicas si consideramos la lentitud de los países en trabajar por una política visionaria y contextualizada, que trascienda el simple asistencialismo general que va desde la preocupación por dar bonos de alimentos o apoyo económico al tratamiento inmediatista de enfermedades, ya que, en ambos casos, son medidas limitadas y de poco impacto.

Queda claro en la revisión realizada a la política colombiana relacionada a la vejez, que el fenómeno, por su complejidad, requiere revisar temas de fondo, tomar acciones de implementación, ajustar y corregir las existentes, entre otros aspectos, lo cual invita a pensarse en un modelo nacional de atención que trate temas de maltrato, abandono, vivienda, salud, pensión, educación, cultura, integración, inclusión, etc.; pero no de manera separada, sino por el contrario, enmarcados en una política que toque estos temas de manera complementaria, de manera que se pueda asegurar el control y administración de los recursos económicos, su optimización, la generación de modelos de diagnóstico, control y ejecución que garanticen la cobertura y calidad, ya que, en última instancia, ese debería ser el objetivo trazado y el compromiso adquirido con nuestros viejos.

Frente a los programas nacionales revisados, es satisfactorio encontrar propuestas tan diversas y ricas en experiencias implementadas con nuestros "viejos". Al respecto, es claro que el "licenciado en Educación Física", "el profe", "el maestro" viene interviniendo desde su formación general en temas del conocimiento del cuerpo, las humanidades, la cultura, la sociedad, los componentes del proceso de enseñanza-aprendizaje por edades de maduración y desarrollo, los deportes, la recreación, entre otros; así como desde su especialización a nivel de maestría o doctorado en temas de cultura y sociedad, administración del deporte, entrenamiento deportivo, recreación, educación, actividad física y salud, motricidad y desarrollo humano, etc., lo cual ha venido consolidando la participación activa de la profesión en el debate activo de las políticas, los temas administrativos y de gestión de las mismas, así como el trabajo en campo con los grupos de adultos mayores en todo el territorio nacional.

Lo mencionado da una idea de la magnitud de procesos, formas, modos, contenidos, estilos pedagógicos, modelos didácticos y demás, que vienen surgiendo en esa relación del educador físico con los adultos mayores, donde resalta el trabajo activo de los colegas y se contrapone a las políticas limitadas vigentes para enfrentar la transición demográfica en Colombia, algo que esperamos pueda superarse con el paso de los años.

Dentro de las limitaciones encontradas para la escritura del presente escrito, notamos que si bien existen programas nacionales donde el licenciado en Educación Física es una pieza clave del modelo, no existen informes consolidados con elevado rigor metodológico y estadístico que permita hablar de la calidad de estos programas, quizás sí de la cobertura, un aspecto que debería ser considerado. Además, que debe diferenciarse de la recreación, uso apropiado del tiempo libre y entretención de esta comunidad, de programas orientados a la promoción de la salud, prevención de la enfermedad, rehabilitación y acompañamiento a tratamientos clínicos (por ejemplo, adultos mayores con cáncer, alzheimer, parkinson, vejez y enfermedades psiquiátricas, entre otras), ya que en el segundo caso, el licenciado en Educación Física requiere una formación más profunda que no puede ser cubierta con un pre-grado, lo cual da una idea de nuevos frentes de ejercicio de la profesión que deben y merecen ser atendidos desde la academia.

Un último aspecto a resaltar es la incursión del licenciado en Educación Física como investigador, un perfil que viene cobrando fuerza en nuestro país y que se convierte en una alternativa para dar respuesta a todos los fenómenos que rodean el envejecimiento desde la mirada sensible del que estudia para entender las generalidades y particularidades del movimiento corporal humano, así como su importancia en la consolidación de una cultura individual y colectiva sana, feliz y participativa.

Referencias bibliográficas

Arango, C. M., Paez, D. C., Reis, R. S., Brownson, R. C. y Parra, D. C. (2013). Association between the perceived environment and physical activity among adults in Latin America: a systematic review. *International Journal of Behavioral Nutrition and Physical Activity, 10*, 122. doi: 10.1186/1479-5868-10-122.

Chalapud-Narváez, L. M. y Escobar-Almario, A. (2017). Actividad física para mejorar fuerza y equilibrio en el adulto mayor. *Universidad y Salud, 19*, 94-101.

Davila, E., Quintero, M., Orrego, M., Ford, E., Walke, H., Arenas, M. y Pratt, M. (2013). Prevalence and risk factors for metabolic syndrome in Medellin and surrounding municipalities, Colombia, 2008-2010. *Preventive Medicine, 56*(1), 30-34.

Departamento Nacional de Estadística (2007). Proyecciones nacionales y departamentales de la población 2006-2020. Retrieved April 20, 2012, from: [http://www.dane.gov.co/files/censo2005/PERFIL_PDF_CG2005/23001T7T000.PDF].

Facultad de Medicina de la Universidad de La Sabana y la Asociación Colombiana de Gerontología y Geriatría. (2017). Más de cuatro millones de adultos mayores en Colombia no tienen pensión. *Vanguardia*. Retrieved from: [http://www.vanguardia.com/colombia/399772-mas-de-cuatro-millones-de-adultos-mayores-en-colombia-no-tienen-pension].

Figueroa, Y., Ortega, A. M., Plaza, C. H. y Vergara, M. J. (2014). Efectos de un programa de intervención en la condición física en un grupo de adultos mayores de la ciudad de Cali en 2013. *Ciencia & Salud, 2*(8), 23-28.

Filgueira, F. y Espíndola, E. (2015). *Hacia un sistema de transferencias monetarias para la infancia y los adultos mayores: una estimación de impactos y posibilidades fiscales en América Latina*. Santiago de Chile: Cepal.

Fundación Saldarriaga Concha y Fedesarrollo (2015). *Misión Colombia Envejece: Resumen ejecutivo*. Bogotá: Editorial Fundación Saldarriaga Concha.

FUNLIBRE (2018). Encuentros Culturales y Recreativos del Adulto Mayor. Nuevo Comienzo: Otro Motivo Para Vivir. Retrieved 27 febrero 2018, from: [http://www.funlibre.org/encurso/nc.html].

Gomes, G. A., Reis, R. S., Parra, D. C., Ribeiro, I., Hino, A. A., Hallal, P. C., . . . Brownson, R. C. (2011). Walking for leisure among adults from three Brazilian cities and its association with perceived environment attributes and personal factors. *International Journal of Behavioral Nutrition and Physical Activity, 8*, 111. doi: 10.1186/1479-5868-8-111

Gómez, L. F., Moreno, J., Gómez, O. L., Carvajal, R. y Parra, D. C. (2013). Physical activity and health-related quality of life among adult women in Cali, Colombia: a cross-sectional study. *Quality of Life Research, 22*(9), 2351-2358.

González, S., Sarmiento, O. L., Lozano, Ó., Ramirez, A. y Grijalba, C. (2014). Niveles de actividad física de la población colombiana: desigualdades por sexo y condición socioeconómica. *Biomedica, 34*(3), 447-459.

Green, L. W. y Glasgow, R. E. (2006). Evaluating the relevance, generalization, and applicability of research: issues in external validation and translation methodology. *Evaluation & the Health Professions, 29*(1), 126-153. doi: 10.1177/0163278705284445

Hallal, P. C., Andersen, L. B., Bull, F. C., Guthold, R., Haskell, W. y Ekelund, U. (2012). Global physical activity levels: Surveillance progress, pitfalls, and prospects. *Lancet, 380*(9838), 247-257. doi: 10.1016/S0140-6736(12)60646-1

He, W., Goodkind, D. y Kowal, P. (2016). *An Aging World: 2015 International Population Reports*: P95/09-1.

Ministerio de Protección Social (2013). Envejecimiento demográfico. Colombia 1951-2020 dinámica demográfica y estructuras poblacionales. Derechos reservados, prohibida su reproducción total o parcial sin autorización del Ministerio de Salud y Protección Social.

Ministerio de Salud (2014). *Política Colombiana de Envejecimiento Humano y Vejez 2014-2024*. Bogotá: MinSalud.

Pacheco, E., Hoyos, D. P., Watts, W. J., Lema, L. y Arango, C. M. (2016). Feasibility study: Colombian Caribbean folk dances to increase physical fitness and health-related quality of life in older women. *Journal of Aging and Physical Activity, 24*(2), 284-289. doi: 10.1123/japa.2015-0012

Parra, D. C., Gomez, L. F., Sarmiento, O. L., Buchner, D., Brownson, R., Schimd, T., . . . Lobelo, F. (2010). Perceived and objective neighborhood environment attributes and health related quality of life among the elderly in Bogota, Colombia. *Social Science & Medicine, 70*(7), 1070-1076.

Pérez, A., Dennis, R. J., Rondón, M. A., Metcalfe, M. A. y Rowan, K. M. (2006). A Colombian survey found intensive care mortality ratios were better in private vs. public hospitals. *Journal of Clinical Epidemiology, 59*(1), 94-101.

Ramirez-Villada, J. F., Leon-Ariza, H. H., Arguello-Gutierrez, Y. P. y Porras-Ramirez, K. A. (2016). [Effect of high impact movements on body composition, strength and bone mineral density on women over 60 years]. *Revista Española de Geriatría y Gerontología, 51*(2), 68-74. doi: 10.1016/j.regg.2015.09.001

Strawbridge, W. J., Camacho, T. C., Cohen, R. D. y Kaplan, G. A. (1993). Gender differences in factors associated with change in physical functioning in old age: a 6-year longitudinal study. *Gerontologist, 33*(5), 603-609.

Vélez Alvarez, C. y Vidarte Claros, J. A. (2016). Efecto de un programa de entrenamiento físico sobre condición física saludable en hipertensos. *Revista Brasileira de Geriatria e Gerontologia, 19*(2).

Vidarte Claros, J. A., Quintero Cruz, M. V. y Herazo Beltrán, Y. (2012). Efectos del ejercicio físico en la condición física funcional y la estabilidad en adultos mayores. *Hacia la Promoción de la Salud, 17*(2), 79-90.

Villada, J. F. R., Ariza, H. H. L., Jiménez, A. S. y Sepúlveda, C. M. (2016). Alterations in body composition, capillary glucose and functionality during explosive strength training in older women. *International Journal on Disability and Human Development, 15*(3), 251-259.

— 9 —
Protocolos de Educación Física para adultos mayores evaluados en México

Oswaldo Ceballos Gurrola, María Cristina Enríquez Reyna,
Rosa Elena Medina Rodríguez y Perla Lizeth Hernández Cortés
(MÉXICO)

Introducción

Los adultos mayores representan el 10,2% de la población en México. En 2015, según datos del Instituto Nacional de Estadística y Geografía, el índice de envejecimiento –proporción de adultos mayores por cada cien niños y jóvenes– en México fue del 38%. El llegar a ser adulto mayor trae consigo, además de cambios físicos y biológicos, cambios socioeconómicos, como por ejemplo la jubilación. Se estima que para 2050, la cantidad de mexicanos que se jubilan por año podría triplicarse en comparación con el número de jubilados en 2016 (Chávez, 2016). A su vez esto da pie para que el adulto mayor tenga más tiempo y/o disposición para realizar diferentes actividades, sin embargo, es un porcentaje mínimo el que destina este tiempo a actividades como la activación física, el ejercicio o la práctica de deportes.

Dada la epidemiología nacional, con el fin de generar información sobre la práctica físico-deportiva en el tiempo libre, el INEGI informa en el Módulo de Práctica Deportiva y Ejercicio Físico, que más de la mitad de los adultos mayores a 55 años en México son inactivos físicamente; se muestra que el 60,9% de los varones y el 70,5% de las mujeres no realiza actividad física (INEGI, 2017); y de manera general, de los adultos (personas mayores de 18 años) que realizan actividad física, el 47,2% lo hace en un nivel insuficiente, de tal manera que no es suficiente para generar un beneficio a la salud.

El 62,8% de las mujeres mayores se dedica a los quehaceres domésticos que con frecuencia incluyen la atención de menores, generalmente de la propia familia, por lo que estas actividades de cuidado habitualmente no son remuneradas. El caso de los hombres es distinto, buscan un trabajo después de jubilados y la mitad de ellos permanece económicamente activo inclusive hasta los 80 años. El mantenimiento de la independencia de la población adulta mayor no sólo beneficia al individuo sino también a su núcleo familiar y social. Mientras que algunos adultos mayores presentan la autonomía de un adulto de 30 años, otros pudieran necesitar ayuda inclusive para la realización de las actividades básicas de la vida diaria.

En México, varias instituciones públicas y no gubernamentales hacen sinergia para brindar atención y orientación a los adultos mayores. No obstante, esta atención se enfoca en apoyos de índole económica más que en la independencia de estos. Aunque el criterio para otorgar beneficios sociales es la edad (a partir de los 60 años), se pretende que los adultos mayores que requieren algún tipo de cuidado sean los principales beneficiarios de este tipo de apoyos sociales.

Se tiene el Instituto Nacional de las Personas Adultas Mayores que trabaja en colaboración con instituciones, empresas y profesionales de la salud para ofrecer servicios integrales a los adultos mayores a bajo o mínimo costo. Además, el Instituto Nacional de las Personas Adultas Mayores refuerza la Estrategia Nacional de Inclusión (Programa PROSPERA) y el programa de pensión para adultos mayores de la Secretaría de Desarrollo Social. Con la tarjeta de afiliación al Instituto Nacional de las Personas Adultas Mayores el adulto mayor tiene acceso a múltiples beneficios y apoyos para mejorar su calidad de vida. Dada la precaria situación de muchos adultos mayores, desde el 2007 opera en el país el Programa Pensión para Adultos Mayores (Secretaría de Desarrollo Social, 2017). Es un apoyo federal de cobertura nacional para la protección social de los adultos mayores que no reciben una pensión. En cuanto a las organizaciones no gubernamentales, destaca la asociación Cáritas, que realiza múltiples actividades para promover el desarrollo individual y social a nivel estatal y nacional.

Sin embargo, la principal institución gubernamental que realiza acciones para favorecer la independencia es el Sistema para el Desarrollo Integral de la Familia. Esta institución cuenta con centros de día, casa hogar, comedores asistenciales, apoyo para adultos mayores en desamparo y además organiza actividades para promover el envejecimiento activo. El Desarrollo Integral de la Familia tiene centros municipales y estatales dentro de la mayoría de las comunidades para facilitar el acceso a los adultos mayores; en esos centros brinda servicios de atención a la salud, capacitación, esparcimiento, alimentación y activación física a la población en general y de forma específica, a la población adulta mayor de forma gratuita o a muy bajo costo. Debido al ajustado presupuesto, es posible que algunos de esos centros brinden el servicio completo sólo uno o algunos días de la semana. Ante ello, y puesto que algunos centros –municipales o estatales– convergen en una misma región, si el adulto mayor así lo desea y logra trasladarse a distintos centros durante los días de la semana, puede pertenecer y verse favorecido por los programas de atención municipales y estatales al mismo tiempo. De tal suerte que pudiera recibir los beneficios del Desarrollo Integral de la Familia todos los días de entresemana.

La profesionalización de la Educación Física que se realiza en estos centros es un reto y oportunidad para los profesionales de la cultura física. Es un reto ya que, en ocasiones, un solo profesionista de la Educación Física tiene que acudir a brindar dicha activación a distintos centros en una misma jornada laboral. O bien, quienes dirigen las sesiones de activación física son personas de buena voluntad que han sido previamente "capacitadas" en reuniones multitudinales por profesionales del ejercicio o inclusive de la salud, sin exigir que demuestren alguna formación gerontológica específica. De tal suerte que la asignación del presupuesto apenas resulta suficiente para contratar a algunos profesionistas quienes asumen la responsabilidad de brindar la atención con recursos personales y materiales limitados. Por lo tanto, ante el desabasto, surge la oportunidad para las instituciones educativas.

Los centros de día del Sistema para el Desarrollo Integral de la Familia representan el ambiente propicio para la vinculación teórico-práctica de estudiantes de todos los niveles de formación. Ciertamente han sido aprovechados para la realización de prácticas académicas (formativas), profesionales (profesionalizantes) e inclusive constantemente dan cabida a la realización de estudios de investigación. De tal suerte que brindar continuidad a la aplicación de programas se dificulta dado que la atención que se otorga responde más a las posibilidades y necesidades de formación de los estudiantes que a las necesidades particulares de la población.

En otro sentido, el declive en la funcionalidad física y mental asociados al envejecimiento tiene implicaciones socioeconómicas que pudieran afectar la sustentabilidad de la mayoría de los países debido a que algunas condiciones negativas de la salud generan altas demandas a los servicios de salud y a los sistemas económicos (Cardona y Peláez, 2012). La diabetes mellitus, enfermedades isquémicas del corazón, enfermedades del hígado y las enfermedades cerebrovasculares ocasionan en conjunto el 39% de las defunciones en México (INEGI, 2015). De alguna forma, todas estas enfermedades se asocian con la inactividad física. Según la OMS (2017), la inactividad física es el cuarto factor de riesgo en lo que respecta a la mortalidad mundial y se asocia con riesgos para presentar enfermedades crónicas como diabetes, cardiopatías y algunos tipos de cáncer de hasta un 30%.

La polifarmacia para el tratamiento de múltiples morbilidades es frecuente después de la quinta década de edad; la utilidad de métodos no farmacológicos a este respecto es prioritaria. El ejercicio físico constituye el método principal para fortalecer el funcionamiento físico durante la vejez. Sin embargo, existe poca información acerca de la utilidad de los programas de Educación Física aplicables en un contexto donde convergen el envejecimiento poblacional, limitaciones presupuestales, pobre cultura física, malnutrición contrastante (obesidad-desnutrición), barreras y dificultades estructurales secundarias.

Teniendo en cuenta que *nada más distinto de un adulto mayor, que otro adulto mayor*, y dada la heterogeneidad de este grupo poblacional, implica considerar la personalización del entrenamiento desde la selección de indicadores de evaluación hasta las especificaciones de cada uno de los aspectos de la prescripción del ejercicio; su importancia se fundamenta en las múltiples evidencias sobre los beneficios del ejercicio para la salud cardiovascular (Lomelí *et al.*, 2009; Segovia *et al.*, 2017).

Desarrollo

En el presente trabajo se propone explicar brevemente el panorama de la investigación acerca de programas de Educación Física en adultos mayores mexicanos. Además, se resumen los hallazgos obtenidos tras la evaluación de programas de Educación Física por parte de los estudiantes de la Maestría en Actividad Física y Deporte con Orientación en Adultos Mayores de la Facultad de Organización Deportiva, Universidad Autónoma de Nuevo León.

Se realizó una búsqueda de literatura en la base de datos EBSCO Academic Search Complete y en Medline con las palabras clave: physical education, physical activity, exercise, training, elderly y Mexico (mexican). En la tabla 1 se presenta un análisis de los programas evaluados.

Tabla 1. Programas de Educación Física evaluados en adultos mayores mexicanos

Referencia	Agrupación	Edad (años±DE)	Protocolo	Pruebas físicas	Otros indicadores	Resultados
García-Saldivia, et al. (2017)	Solo GEx H/M 47 (22%)/168 (78%)	Total 57±13	F: 5 x sem bicicleta estacionaria, 2 x sem gimnasio. I: Moderada D: 30 min bicicleta. T: 4 sem L: Instituto Nacional de Cardiología Ignacio Chávez. E: Bicicleta estacionaria y ejercicios de gimnasio.	Prueba de esfuerzo cardiopulmonar (recuperación de la frecuencia cardiaca y cinética de la recuperación de oxígeno en la fase postesfuerzo.	Electrocardiografía y tensión arterial durante el ejercicio. Espirometría. Frecuencia cardiaca.	Se incrementaron el consumo máximo de oxígeno ($p < .01$) y la recuperación de la frecuencia cardiaca ($p < .05$); la recuperación de oxígeno postesfuerzo mejoró ($p < .01$).
Ochoa-Martínez et al. (2015)	GEx/GC 16/10 Sólo mujeres	GEx/GC 67.5±5.4/67.4±4.7	F: 5 x sem I: Frecuencia Cardiaca de Reserva 40-50% (1-6 sem); 50-60% (7-12 sem). D: 50 min T: 12 sem L: Complejo acuático de la Facultad de Deportes de la Universidad Autónoma de Baja California, Mexicali. E: Ejercicio acuático con parte principal de 30 min, 10 min de calentamiento y 10 de enfriamiento.	Protocolo del Grupo de Desarrollo Latinoamericano de Madurez: Test de caminar 10 m, levantarse de la posición sentada, levantarse de la posición decúbito ventral, levantarse de la silla y desplazarse por la casa.	Monitor cardiaco Polar FT7 Índice de Desarrollo de Madurez.	Se mostró mejoría significativa al respecto de la interacción intergrupal ($p < .05$), en el test de caminar ($p < .01$) y el índice de desarrollo de madurez ($p < .012$).
Salazar-González et al. (2015)	GEx/GC 143/143	GEx/GC 71±5.74/ 74±6.31	F: 3 x sem I: Moderada D: 45-60 min T: 12 sem L: Casa Club de Adultos Mayores (ocho localidades). E: Programa de ejercicio físico-cognitivo.	Parámetros espacio temporales de la marcha: amplitud del paso, longitud del paso, velocidad de marcha (cm/s), tiempo de doble apoyo y ritmo. Ante tarea simple y con tarea doble (cognitiva y motora).	Mini Mental State Examination, Escala de Depresión del Centro para Estudios Epidemiológicos.	El grupo experimental incrementó la velocidad de marcha, ritmo, longitud del paso; además, disminuyó la amplitud del paso y el tiempo de doble apoyo.

Referencia	Agrupación	Edad (años±DE)	Protocolo	Pruebas físicas	Otros indicadores	Resultados
Hernández-Pacheco et al. (2015)	GEx/GC 7/5 Sólo hombres	GEx/GC 69±8.5/ 65.4±8.5	F: 3 x sem I: 50-70% de la Frecuencia cardiaca máxima D: 50 min T: 12 sem L: Gimnasio privado E: GEx recibió entrenamiento de resistencia con máquinas de musculación variable Technogym® GC entrenamiento aeróbico con banda sinfín (30 min, 3 x sem).	Senior Fitness Test	Composición corporal (índice de masa corporal, porcentaje de grasa corporal, índice cintura cadera, circunferencia de pantorrilla).	Ambos grupos mejoraron la capacidad física medida con Senior Fitness Test ($p < .01$). El entrenamiento de resistencia promovió cambios más rápidos y persistentes que el entrenamiento aeróbico. No se observaron cambios en la composición corporal.
Nava-Bringas et al. (2014)	Sólo GEx H/M 4/16	Total 60.9±7.5	F: Diario I: 2 veces al día, 10 repeticiones por ejercicio D: 30-40 min T: 6 meses L: Hogar/Instituto Nacional de Rehabilitación E: Programa terapéutico para el hogar: ejercicios de estiramiento para la fascia toraco-lumbar, flexores de cadera, isquiotibiales y tríceps; además de ejercicios de estabilización enfocados a mejorar el control transverso, oblicuos abdominales, fuerza de piso pélvico y control de respiración diafragmática.	Prueba isocinética del tronco Escala visual análoga de dolor (espalda, ciático)	Índice de discapacidad Oswestry	El índice de discapacidad y el dolor disminuyeron. Los resultados de la escala visual análoga de dolor y la puntuación del índice de discapacidad se asociaron con mejorías en la prueba isocinética del tronco.

Mendoza-Ruvalcaba & Arias-Medina (2015)	GEx/GC 31/34	GEx/GC 70.45±6.37/ 70.82±7.20	F: 2 x sem I: NA D: 2 horas T: 8 sem L: Club de adultos mayores E: Intervención educativa "Soy activo" para estimular actividad física, nutrición y función cognitiva.	Autoeficacia para el ejercicio, índice de masa corporal, memoria de trabajo con Prueba Digit Span Backward, Digit Symbol Subtest.	El programa promovió mejoría en los dominios de envejecimiento activo principalmente en la autoeficacia para el ejercicio.
Salas-Romero et al. (2014)	GEx/GC 8/8 Sólo mujeres	30-66 años	F: 3 x sem I: 65-70 FCM D: 30-60 min T: 16 sem L: Centro Nacional de Investigación y Atención de Medicina del Deporte E: Ejercicio continuo a FCM 65-70% vs intervalos de 3 min a 80-85%. Iniciando con ejercicios propioceptivos y complementando con caminadora y bicicleta estacionaria	Circunferencia de cintura Análisis bioquímico en sangre de glucosa, colesterol total, triglicéridos, lipoproteínas (de baja y alta densidad) y proteína c-reactiva en suero. Tensión arterial.	Los dos programas modificaron los triglicéridos y la tensión arterial; el ejercicio continuo mejoró la condición física mediante el incremento del consumo máximo de oxígeno y la reducción de la frecuencia cardíaca de recuperación.
Rosado-Pérez et al., 2012	GEx/GC 32/23	>60 años NE	F: 5 x sem I: NE D: 50 min T: 6 meses L: Hidalgo, México. NE E: Tai Chi sin mayor especificación.	NE	El GEx disminuyó sus niveles de estrés oxidativo, glucosa, colesterol total, Lipoproteínas de baja densidad y presión arterial sistólica.

GC: Control; GEx: Grupo Experimental; H: Hombres; M: Mujeres; F: Frecuencia (días por semana); I: Intensidad; D: Duración (minutos); T: Tiempo (semanas); L: Lugar; E: Entrenamiento; DE: Desviación Estándar; NA: No aplica; NE: No especifica.

Ciertamente existen pocas publicaciones al respecto de la evaluación de programas de ejercicio en el país. Se hace patente la mayor participación de las mujeres; esto concuerda con el reconocido fenómeno de la femineidad del envejecimiento y, también, hace alusión a la apatía de los hombres hacia la realización de actividades para el cuidado de su salud o, en este caso específico, la realización grupal de ejercicio. El entrenamiento combinado, realizable de manera individual y con poca supervisión pareciera ser la tendencia para la consecución de avances en este grupo poblacional. En la tabla 2 se presentan algunos trabajos realizados por estudiantes de la Maestría en Actividad Física y Deporte con Orientación en Adultos Mayores.

Tabla 2. Programas de Educación Física evaluados por tesistas de la Maestría en Actividad Física y Deporte con Orientación en Adultos Mayores

Referencia	Agrupación	Edad (años±*DE*)	Protocolo	Pruebas físicas	Otros indicadores	Resultados
Hernández-Rojas (2017)	GEx/GC 31/18	GEx H/M 61.8±6.4/ 66.2±10.6 GC H/M 64.3±4.3/ 62.1±10.5	F: 3 x sem I: 30-60% Repetición Máxima D: 50-60 min T: 10 sem L: Centro Recreativo Privado, Monterrey, N. L., México. E: Programa de entrenamiento de fuerza muscular.	Fuerza de prensión manual máxima, velocidad de marcha (habitual y rápida), Foot up and go test, Short Physical Performance Battery y pruebas de repetición máxima.	Cuestionario de Actividad Física para Adultos Mayores, Índice de Barthel, Cuestionario de Pfeiffer.	El GEx mejoró en las pruebas de repetición máxima, velocidad de marcha, Foot up and go test y Short Physical Performance Battery ($p < .05$).
Medrano-Mena (2017)	GEx/GC 25/26 Sólo mujeres	GEx/GC 69.92±5.85/ 71.5±6.89	F: 3 x sem I: Baja intensidad con progresión breve. D: 60 min T: 10 sem L: Casa club del adulto mayor "Los Altos", Monterrey, N. L., México. E: Programa multicomponente de fuerza, resistencia, flexibilidad y equilibrio.	Senior Fitness Test Short Physical Performance Battery	Escala de Depresión Geriátrica de Yesavage, Índice de Barthel, Escala de Lawton y Brody.	Se incrementó el rendimiento de la capacidad física (resistencia, flexibilidad, fuerza y equilibrio). No se observaron cambios en la sintomatología depresiva ($p > .05$).
Flores-Díaz (2013)	GEx/GC 13 (H:3) /13 (H: 8)	GEx/GC 65.2±4/ 68.4±6.3	F: 2 x sem I: Movilización asistida, parte principal 20 minutos, 3 series de 5 a 8 rep. D: 55-60 min (25 fisioterapia, 30 ejercicio) T: 10 sem L: Casa Club de abuelos Torreón, Coahuila. E: Entrenamiento de fisioterapia (ultrasonido terapéutico a 1 y 3 MHz, láser de Arseniuro de Galio para electroestimulación transcutánea y vendajes de protección y corrección articular) y ejercicio terapéutico.	Escala de Tinetti Modificada. Goniometría de hombro, cadera y rodilla Flexibilidad con Sit & Reach Test	Peso, talla e IMC Tensión arterial Test de Lovett Escala de Lawton y Brody Índice de Barthel Mini Mental State Examination	Mejoría en dolor al movimiento activo, fuerza de miembro pélvico derecho, flexión de hombro derecho e izquierdo, y abducción de cadera derecha.

Estudio	Muestra	Edad	Programa	Pruebas	Variables	Resultados
Vidales-Torres (2013)	GEx/GC 21/15 H: 51%	GEx/GC 69.1±4.2/ 69.1±3.9	F: 2 x sem I: 45% D: 18-21 min T: 37 sem L: Ama y trasciende A. C., Nuevo León, México. E: GEx Método Continuo con Combinaciones en el que se trabaja de manera constante (3 min calentamiento, 12 min parte principal; 3 min relajación). GC: Método libre por repeticiones, se realizan pausas de descanso programados entre series.	Sit & Reach test modificado Back leg lift Velocidad de reacción Sentadilla 1-min Escala de Tinetti Prueba de Rockport Prueba Illinois	Evaluación nutricional (análisis de impedancia), nivel de actividad física, índice de Barthel, índice de Lawton, Escala de Depresión Geriátrica de Yesavage de 15 ítems. MEC Lobo, Escala de Valoración Sociofamiliar Gijón, Tensión arterial Espirometría	El GEx presentó cambios positivos en más variables que el GC. La sentadilla 1-min, tiempo de llegada y velocidad de marcha de la prueba de Rockport y la prueba de agilidad de Illinois presentaron cambios en ambos grupos.
Flores-Díaz (2012)	15 Sólo mujeres	80.4 años	F: 3 x sem I: 8-12 repeticiones, 2-3 series, movimiento lento. D: 30-60 min T: 12 sem L: Casa Club del Abuelo San Pedro Garza García, N. L., México. E: Entrenamiento de acondicionamiento físico general. Bajo impacto y en silla para personas frágiles.	Senior Fitness Test	Índice de Barthel, Cuestionario de Pfeiffer, Escala de Valoración Sociofamiliar Gijón.	Se observaron cambios en las pruebas de la batería Senior Fitness Test ($p < .03$) a excepción de prueba Chair sit and reach ($p < .07$).
Treviño-Cantú, J., 2012	Sólo GEx H/M 10/14	Total 68.29±6.13	F: 3 x sem I: 10-15 repeticiones, 2-3 series. D: 40-60 min T: 6 sem L: Casa Club del Adulto Mayor, San Nicolás de los Garza. N. L. México. E: Programa de activación física durante seis semanas con baile, ejercicios de fuerza, flexibilidad y coordinación.	Prueba de equilibrio en un pie, velocidad de marcha en cuatro metros, Prueba de levantarse y caminar, Prueba de la silla (cinco veces) y Caminata de seis minutos.	Perfil de lípidos y glicemia; Índice de Katz, Cuestionario de Pfeiffer, Escala abreviada de Yesavage y Escala de Valoración Sociofamiliar Gijón	Se observó leve mejoría en el equilibrio, velocidad de marcha, flexibilidad y fuerza. Además, ligeros cambios en el perfil de lípidos y glicemia.

GC: Control; GEx: Grupo Experimental; H: Hombres; M: Mujeres; F: Frecuencia (días por semana); I: Intensidad; D: Duración (minutos); T: Tiempo (semanas); L: Lugar; E: Entrenamiento; DE: Desviación Estándar.

Como puede observarse, la eficiencia terminal en los programas es baja, lo que dificulta la realización de inferencias acerca del tamaño de efecto de los hallazgos de investigación. La asistencia y permanencia de los adultos mayores en los programas de Educación Física se ve afectada por factores propios y ajenos a los adultos mayores. Los indicadores más utilizados resultan ser de fácil acceso para la práctica clínica y comunitaria por ser prácticos, económicos y de bajo riesgo; sin embargo, presentan las desventajas propias de la técnica de medición y del esfuerzo volitivo, cuyos efectos pueden atenuarse mediante la estandarización de procedimientos y el manejo motivacional por parte del evaluador.

Otra problemática observable en algunas publicaciones es la falta de vinculación entre investigadores del equipo multidisciplinario de salud. Esto dado que algunas investigaciones apenas describen los aspectos del entrenamiento evaluado. Sin la correcta descripción del entrenamiento aplicado, no es posible replicar una investigación cuando se busca determinar la persistencia de los hallazgos de estudio. Esto representa un área de oportunidad para futuras investigaciones. La implicación de profesionistas de la cultura física durante la planeación de programas de Educación Física resulta necesaria ante cualquier tipo de escenario investigativo (ciencia básica o aplicada).

Conclusiones

Gracias a la revisión de la literatura consultada, es posible identificar métodos de evaluación de la capacidad física que permiten regular la intensidad de la sesión de Educación Física o entrenamiento sin usar equipos costosos. La capacitación apropiada de profesionales del ejercicio hace posible la personalización del entrenamiento a bajo costo y con resultados planeados a corto, mediano o largo plazo.

Debido a que incrementar la cultura física nacional hará factible el mantenimiento de la salud y funcionalidad en este grupo etario, es importante reflexionar sobre algunos aspectos ante la planeación de programas de Educación Física para adultos mayores.

1. Valoración del caso. Evaluar, priorizar y capacitar todos los componentes de la función. Los adultos maduros quieren y necesitan mejorar o mantener sus habilidades funcionales. Pudiera pensarse que los métodos tradicionales de Educación Física, como el entrenamiento de fuerza, no siempre son efectivos en estos casos. Una sesión de Educación Física enfocada a mejorar alguna capacidad física específica no podría generar cambios sustanciales en la funcionalidad dado que ésta implica la coordinación de movimientos y capacidades de tipo condicional y coordinativo. La fuerza es sólo una parte de lo necesario para el desa-

rrollo de la funcionalidad física. Esto ofrece sustento a la tendencia por el diseño de entrenamientos multicomponentes.

De acuerdo a autores como Baert *et al.* (2011), en los mayores de 80 años, durante la planeación de un programa de Educación Física, debe prestarse atención especial a los beneficios del ejercicio para cada caso específico, considerar el "miedo" o el temor en el individuo, las preferencias individuales, el apoyo social y los riesgos asociados al ambiente físico.

2. Diagnóstico de la capacidad-potencialidad física. La emisión de un diagnóstico explícito acerca de las capacidades en el que se incluye las aspiraciones del adulto mayor, es la clave para la dirección correcta de sus esfuerzos volitivos. Las necesidades y metas del adulto mayor deben conocerse, expresarse y medirse con pertinencia. Una evaluación adecuada debe contener pruebas físicas que reten la capacidad de movimiento de la persona. Cuando el sujeto supera con facilidad las pruebas, éstas deben reconsiderarse ya que no podrán ser de utilidad para dirigir con eficiencia el entrenamiento.

3. Planeación de la Educación Física. Los métodos y técnicas de entrenamiento al respecto tanto de la selección de ejercicios específicos, equipos, entornos, intensidad y progresión de las sesiones debería ser realizada bajo el entendimiento de la etapa de vida de la persona. Las características y retos propios de la etapa de desarrollo que el adulto mayor enfrenta suelen delinear la motivación y las posibilidades de los individuos. De tal suerte que el conocimiento de estos detalles permitirá más adelante la adherencia al ejercicio físico.

4. Ejecución y adaptación de la Educación Física. Los obstáculos de la vida cotidiana suelen incidir en la disposición para el ejercicio, las demandas y preferencias inmediatas retoman prioridad cuando la falta de continuidad afecta los resultados del entrenamiento. Estrategias educativas como enseñar al individuo a sustituir un ejercicio por otro y adaptar las situaciones para realizar ejercicios específicos en su propio entorno, deben utilizarse y promoverse desde el inicio del entrenamiento. Dada la condición de "tratamiento", el clima, los compromisos personales y sociales no deben ser barreras aceptables para la falta de realización del ejercicio. *Si diario se come, diario debería movilizarse.* Es necesario incrementar la cultura física acerca de la utilidad de las series, repeticiones, dirección y velocidad del movimiento durante la realización del ejercicio físico.

Además, para la prevención de lesiones, resulta prioritaria la vigilancia de factores ambientales tales como el espacio para desarrollar los ejercicios, la ventilación, la iluminación, el piso, las distracciones visuales, auditivas o físicas (de otras personas o mobiliario). Es recomendable que se realicen bajo la supervisión de un profesional de la Educación

Física y el deporte y haya personas que supervisen y auxilien (cuando se requiera) a los adultos durante la ejecución de la actividad.

5. Evaluación de avances y sugerencias para el rediseño. La mejoría de la capacidad funcional a través del control motor multidimensional sólo se logrará mediante la realización de actividades con complejidad creciente.

Para que se ofrezca un seguimiento eficaz, es necesaria la presencia constante del recurso humano ya formado y no en formación; además, la formación gerontológica específica le daría un plus a los resultados de la atención. Así, en México aún es necesario incrementar la cultura física poblacional para la revalorización del trabajo de los profesionistas del ejercicio. Entonces, el recurso humano profesional y la gestión adecuada de un presupuesto que reconozca el valor terapéutico del ejercicio, permitirán acceder a mayores niveles de calidad de vida poblacionales.

Referencias bibliográficas

Baert, V., Gorus, E., Mets, T., Geerts, C., & Bautmans, I. (2011). Motivators and barriers for physical activity in the oldest old: A systematic review. *Ageing Research Reviews, 10*(4), 464-474. doi:10.1016/j.arr.2011.04.001

Cardona, D. y Peláez, E. (2012). Envejecimiento poblacional en el siglo XXI: oportunidades, retos y preocupaciones. *Salud Uninorte, 28*(2), 335-348.

Chávez, V. (2016, Marzo 9). Se triplicará número de jubilados al día en 2050. El Financiero. Recuperado el 9 abril de 2017 de: [http://www.elfinanciero.com.mx/economia/se-triplicara-numero-de-jubilados-al-dia-en-2050.html].

Flores-Díaz, M. A. (2013). *Programa de fisioterapia y ejercicio terapéutico individual en adultos mayores del DIF Torreón*. (Tesina de Maestría). Universidad Autónoma de Nuevo León. San Nicolás delos Garza, Nuevo León, México.

Flores-Díaz, N. (2012). *Efectos de un programa de acondicionamiento físico en adultos mayores de estancia pública* (Tesina de Maestría). Universidad Autónoma de Nuevo León. San Nicolás delos Garza, Nuevo León, México.

García-Saldivia, M., Ilarraza-Lomelí, H., Myers, J., Lara, J. y Bueno, L. (2017). Effect of physical training on the recovery of acute exercise, among patients with cardiovascular disease. *Archivos de Cardiología de México, 87*(3), 199-204. doi:10.1016/j.acmx.2016.11.004

Hernández-Pacheco, A., Enríquez-Reyna, M. C., Cruz-Castruita, R. M., Rangel-Colmenero, B. R. y Aguirre-Zuazua, H. (2015). Aptitud física de adultos mayores: cambios basales generados por dos tipos de entrenamiento. *Revista de Ciencias del Ejercicio, 10*, 1-15.

Hernández-Rojas, E. (2017). *Efecto del Entrenamiento de Fuerza sobre el Desempeño Físico en Jubilados* de la Zona Urbana (Tesina de Maestría). Universidad Autónoma de Nuevo León. San Nicolás delos Garza, Nuevo León, México.

Instituto Nacional de Estadística y Geografía [INEGI] (2015). Encuesta Intercensal 2015. Recuperado de: [http://www.beta.inegi.org.mx/proyectos/enchogares/especiales/intercensal/].

Instituto Nacional de Estadística y Geografía [INEGI] (2017). Módulo de Práctica Deportiva y Ejercicio Físico (MOPRADEF, 2017). Recuperado de: [http://internet.contenidos.inegi.

org.mx/contenidos/productos/prod_serv/contenidos/espanol/bvinegi/productos/nueva_estruc/promo/resultados_mopradef_nov_2017.pdf].

Lomelí, H. I., Franco, R. H., Rivas, Á. L., Ramírez, J. Z., Ramírez, L. M., Becerril, F. R. y ... Gutiérrez, L. M. (2009). Registro Nacional sabre Programas de Rehabilitación Cardíaca en México (RENAPREC). *Archivos de Cardiología de México, 79*(1), 63-72.

Medrano-Mena, S. C. (2017). Impacto de un programa multicomponente sobre la condición física y la depresión en adultas mayores (Tesina de Maestría). Universidad Autónoma de Nuevo León. San Nicolás delos Garza, Nuevo León, México.

Mendoza-Ruvalcaba, N. M. y Arias-Merino, E. D. (2015). "I am active": effects of a program to promote active aging. *Clinical Interventions in Aging, 10*, 829-837. http://doi.org/10.2147/CIA.S79511

Nava-Bringas, T. I., Hernández-López, M., Ramírez-Mora, I., Coronado-Zarco, R., Israel Macías-Hernández, S., Cruz-Medina, E. y ... León-Hernández, S. R. (2014). Effects of a stabilization exercise program in functionality and pain in patients with degenerative spondylolisthesis. *Journal of Back & Musculoskeletal Rehabilitation, 27*(1), 41-46. doi:10.3233/BMR-130417

Ochoa Martínez, P. Y., Hall López, J. A., Paredones Hernández, A., Martin Dantas, E. H. y Hall Lopez, J. A. (2015). Effect of periodized water exercise training program on functional autonomy in elderly women. *Nutricion Hospitalaria, 31*(1), 351-356. doi:10.3305/nh.2015.31.1.7857

Organización Mundial de la Salud (2017). Actividad física. Recuperado el 15 de febrero de 2017 de: [http://www.who.int/dietphysicalactivity/pa/es/].

Rosado-Pérez, J., Santiago-Osorio, E., Ortiz, R., & Mendoza-Núñez, V. M. (2012). Tai chi diminishes oxidative stress in Mexican older adults. *The Journal of Nutrition, Health & Aging, 16*(7), 642-646.

Salas-Romero, R., Sánchez-Muñoz, V., Franco-Sánchez, J. G., del Villar-Morales, A. y Pegueros-Pérez, A. (2014). Effectiveness of two aerobic exercise programs in the treatment of metabolic syndrome: a preliminary study. *Gaceta Médica de México, 150*, 486-493.

Secretaría de Desarrollo Social (2017). Programa de Pensión para Adultos Mayores. Recuperado de: [https://www.gob.mx/sedesol/acciones-y-programas/pension-para-adultos-mayores].

Salazar-González, B. C., Cruz-Quevedo, J. E., Gallegos-Cabriales, E. C., de los Angeles Villarreal-Reyna, M., Ceballos-Gurrola, O., Hernández-Cortés, P. L. y ... Villarreal-Reyna, M. A. (2015). A physical-cognitive intervention to enhance gait speed in older Mexican adults. *American Journal of Health Promotion, 30*(2), 77-84. doi:10.4278/ajhp.130625-QUAN-329

Segovia, V., Manterola, C., González, M., & Rodríguez-Núñez, I. (2017). El entrenamiento físico restaura la variabilidad del ritmo cardiaco en la insuficiencia cardiaca. Revisión sistemática. *Archivos de Cardiología de México, 87*(4), 326-335. doi:10.1016/j.acmx.2016.12.002

Treviño-Cantú, J. (2012). *Programa de activación para mejorar capacidades físicas e indicadores biológicos del adulto mayor* (Tesina de Maestría). Universidad Autónoma de Nuevo León. San Nicolás delos Garza, Nuevo León, México.

Vidales-Torres, I. A. (2013). *Comparación metodológica de la capacidad funcional y saturación de oxígeno del adulto mayor* (Tesina de Maestría). Universidad Autónoma de Nuevo León. San Nicolás delos Garza, Nuevo León, México.

— 10 —
De Educación Física a Movimiento Humano, una perspectiva real para el adulto mayor de Costa Rica

Maribel Matamoros Sánchez
(COSTA RICA)

Introducción

Según estudios, la población mundial muestra un envejecimiento y la población de Costa Rica presenta la misma situación. En lo que se refiere a este cambio, evidenciado en el Informe del Estado de la Persona Adulta Mayor (2008), se espera que para 2025 este grupo poblacional se duplicará (gráfico 1) como resultado de una disminución en la tasa de natalidad y mortalidad y un aumento en la esperanza de vida. Esta es una de las razones, por lo que es importante mantener activa a la población adulta mayor, con programas orientados a cubrir las necesidades de este grupo etario, asegurándoles de esta manera una mejor calidad de vida.

Gráfico 1. Muestra las pirámides poblacionales, de los años 1950 y una proyección para el año 2025, según estudios realizados por el Centro Centroamericano de Población (Universidad de Costa Rica).

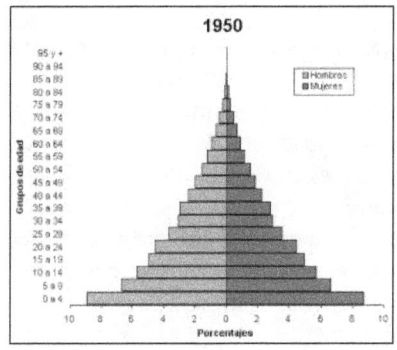 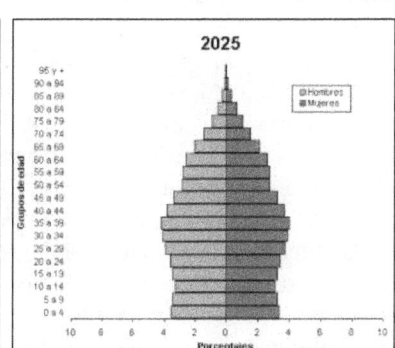

En cuanto a la educación y preocupación por la población adulta mayor, es en el año 1985 que en Costa Rica se dieron los primeros pasos en la búsqueda de beneficios para este grupo poblacional. La necesidad de indagar sobre las características sociodemográficas hace que el Dr. Alfonso Trejos Willis –investigador del Instituto de Investigaciones en

Salud, de la Universidad de Costa Rica– desarrolle un proyecto de investigación llamado "Apertura de cursos regulares de la Universidad de Costa Rica a personas de la tercera edad". Esta investigación tenía como objetivo evaluar las posibilidades de apertura de cupos en los cursos regulares de la Universidad de Costa Rica a personas mayores. Se indagó el nivel de satisfacción, tanto de estudiantes como de profesores con la experiencia vivida. Los resultados permitieron vislumbrar cuáles cursos se podrían brindar a los adultos mayores y cuáles requisitos se les podrían pedir, dando resultados importantes sobre características, intereses y expectativas de esta población. Asimismo, las conclusiones obtenidas brindaron suficientes insumos que sirvieron como base para desarrollar el primer programa educativo dirigido a las personas mayores inserto en una universidad (Trejos Willis, 1985).

Debido a esta iniciativa es que nace lo que se conoce hoy como el Programa Institucional para la Persona Adulta y Adulta Mayor, que ha marcado una pauta y ha servido de modelo a seguir por otras universidades, instituciones y organizaciones no gubernamentales que se encargan de desarrollar proyectos en pro de la atención al adulto mayor. Es por esta razón que en este capítulo se dará una perspectiva de la Educación Física para el adulto mayor tomando como ejemplo el Programa Institucional para la Persona Adulta y Adulta Mayor y la evolución que éste ha tenido en materia educativa, ya que es un programa que está inserto en la universidad, por lo que forma vínculos con las diferentes facultades y escuelas.

Educación y adulto mayor en Costa Rica

Lo que se conoce hoy como el Programa Institucional para la Persona Adulta y Adulta Mayor, es un programa pionero con características muy particulares, pues pertenece a la Vicerrectoría de Acción Social de la Universidad de Costa Rica, lo que permite que los adultos mayores tengan espacios de convergencia con estudiantes regulares de diferentes edades, abriendo e incentivando de esta manera el intercambio generacional y promoviendo la educación a lo largo de la vida. Este programa tiene ya treinta y tres años de actividad y brinda espacios educativos, culturales y sociales a la población adulta y adulta mayor; siempre a la vanguardia, ha evolucionado respondiendo a las características y necesidades de los estudiantes que se matriculan año tras año. La tabla 1 muestra un resumen de la población que asistió a recibir clases desde que el Programa inició su labor. En la misma se puede ver la evolución y aumento de población, tanto de individuos como por género. Asimismo, se logra evidenciar que son las mujeres las que más buscan actividades que les permitan mantenerse activas en esta etapa de vida (PIAM, 2017).

Tabla 1: Muestra un resumen del número de estudiantes que ha asistido al PIAM por ciclos lectivos y por género.

Género	Ciclos Lectivos					
	I-1985	II-1985	I-2000	II-2000	I-2017	II-2017
Mujeres	257	185	630	558	2.068	2.029
Hombres	145	116	96	81	515	487
Total	402	301	726	639	2.g683	2.516

Nota: Estadísticas tomadas del Programa Institucional para la Persona Adulta y Adulta Mayor. Universidad de Costa Rica.

En Costa Rica, es en el año 1999 que se suscita un importante logro como país en materia del adulto mayor, pues es creada y entra en vigencia la Ley número 7935, "Ley Integral para la Persona Adulta Mayor", que viene a cumplir con el objetivo de velar por todos los derechos de las personas adultas mayores. Bajo esta ley nace el Consejo Nacional para la Persona Adulta Mayor. Este es un momento crucial, que marca una diferencia, pues el Consejo Nacional para la Persona Adulta Mayor debe velar por que se cumplan todos los derechos y oportunidades que se brinden a las personas mayores, de manera que se deben desarrollar y apoyar todos los programas que vayan orientados a mejorar la calidad de vida de las personas mayores (Legislativa, 1999).

Pese a que existe una ley que vela y protege al adulto mayor en Costa Rica, existe el abandono, la negligencia y el maltrato físico, psicológico, sexual y patrimonial en esta población. Muchas de estas situaciones se dan porque las personas, incluso los que deben ser protegidos, desconocen la ley, desconocen sus derechos y por consiguiente los canales a los que deben dirigirse para hacerlos valer. Es debido a esta situación que la Universidad de Costa Rica, por medio de su Maestría de Gerontología, realiza cada dos años un congreso internacional orientado a mejorar las condiciones de las personas adultas mayores y a promover cambios sociales. Los cambios también se generan con el Programa Institucional para la Persona Adulta y Adulta Mayor y el Consejo Nacional para la Persona Adulta Mayor, pues se realizan campañas de divulgación de la ley, y los canales y procedimientos que se deben seguir para el cumplimiento de los mismos, se dan capacitaciones a los adultos mayores y a las personas que laboran con esta población, principalmente de las zonas más alejadas, las que están fuera del Valle Central, que son las que desconocen la normativa.

Con la creación de la ley se inician programas y redes de cuidado, desarrollando hogares y centros diurnos que brindan atención a las personas mayores. Este logro, sumado a la atención que recibe la población adulta mayor en Costa Rica desde 1976, cuando se creó el Hospital Blanco

Cervantes –el cual se especializa en la atención de personas mayores–, deja al descubierto la gran cantidad de caídas que sufre este grupo etario. Observando que esta es una de las causas que produce deterioro e independencia en esta población, es que se realizan investigaciones como la de López *et al.* (2007), donde analiza la incidencia de caídas que provocan quebraduras de cadera en los costarricenses.

El Programa Institucional para la Persona Adulta y Adulta Mayor ha servido de ejemplo para muchas otras instituciones que han decidido fomentar iniciativas donde se le brinde atención a los adultos mayores, tal es el caso de la Universidad Nacional de Costa Rica con su Programa de Atención Integral de la Persona Adulta Mayor y el Instituto Tecnológico de Costa Rica con el Programa de Adulto Mayor. Pero es desde la Universidad de Costa Rica que se han llevado a cabo investigaciones que han ayudado a marcar la pauta en el desarrollo de diversas áreas. En este caso se abordará desde la Educación Física y Deportes.

Movimiento Humano, una nueva perspectiva de Educación Física para el adulto mayor

En la Universidad de Costa Rica, específicamente en la Escuela de Educación Física y Deportes, se han generado tesis e investigaciones en el tema del adulto mayor desde antes del año 2000. Ejemplos de ello son las tesis para el grado de Licenciatura en Educación Física que presentan Jonatán Morales Araya (1994), titulada "Propuesta de un plan recreativo para los jubilados de la tercera edad del Colegio de Contadores de Costa Rica", y la de Eduardo Gamboa Valverde (1996), titulada "Efectos de un programa de educación del ocio y la recreación en el tiempo libre del anciano". En la tabla 2 se muestra un resumen de algunas tesis presentadas posteriores a ese año. Dichas investigaciones han servido de insumo para poder visualizar las deficiencias que presenta el ser humano al avanzar en edad y los beneficios que diferentes tipos de ejercicio físico pueden aportar a los adultos mayores.

Tabla 2: Resumen de trabajos de tesis que tienen como población a personas adultas mayores.

Autor	Título	Resumen
Solano Mora, Luis C. (2002) Grado obtenido: Magister Scientiae	Respuesta aguda de la intensidad del dolor articular en adultos mayores con osteoporosis de rodilla, al realizar un ejercicio a diferentes intensidades y duraciones en el cicloergómetro.	Sujetos: 9 Edad: 64.67 ± 4.08 años Concluye: Los adultos mayores no presentan dolores articulares de rodilla mientras realizan el ejercicio, lo que significa que el trabajo en cicloergómetro es seguro para trabajar con poblaciones que presentan este tipo de dolencias.
Carazo Vargas, Pedro (2004) Grado obtenido: Magister Scientiae	Meta-análisis sobre el efecto del ejercicio en el funcionamiento cognitivo en adultos mayores.	Se meta-analizaron 44 investigaciones, con individuos mayores de 50 años. Se produjo un total de 485 tamaños de efecto basados en 2266 sujetos, con un efecto global de 0.36 para los que realizan ejercicio, muy superior a los que se reúnen para otras actividades. Se recomienda realizar ejercicio aeróbico para mejorar el funcionamiento cognitivo, a una intensidad moderada y al menos por 75 minutos.
Rodríguez Barquero, Vivian (2006) Grado obtenido: Magister Scientiae	Efecto agudo y crónico de un programa de movimiento creativo sobre la autoestima, el estado de ánimo, el tiempo de reacción, la memoria auditiva a corto plazo y la calidad de vida de personas adultas mayores.	Sujetos: 22 Edad: 75.45 ± 7.5 años Concluye: Los resultados indican que un programa de movimiento creativo puede ser beneficioso en el nivel psicológico para los adultos mayores.
Madrigal Jiménez, Jorge (2010) Grado obtenido: Magister en Recreación	Percepción subjetiva de cambios en la calidad de vida en mujeres entre los 50 y los 81 años de edad, residentes en el cantón de San Ramón, durante la participación en un programa de recreación física grupal.	Sujetos: 27 Edad: 50 y 81 años Concluye: Que el programa de recreación física produjo mejoras en la percepción subjetiva de cambios en la calidad de vida, así como una serie de beneficios autopercibidos. Lo que podría influir en que las personas adopten una recreación física como parte de sus actividades diarias, mejorando su calidad de vida.
Romero Morales, Grettel (2010) Grado obtenido: Magister en Recreación	Análisis de necesidades e intereses recreativos de las personas adultas mayores del albergue San José Obrero, del cantón de Siquirres: Propuesta recreativa.	Sujetos: 10 Edad: 50 años en adelante Concluye: Las actividades recreativas le permiten al adulto mayor interactuar y sentirse útil, los paseos les permiten relacionarse más con el medio ambiente, dando al adulto mayor un mayor sentimiento de seguridad y pertenencia.
Devandas Garro, Sara (2011) Grado obtenido: Maestría Profesional	Razones que impulsan la participación de las mujeres adultas mayores en el curso recreativo de danza de vientre coordinado por el Programa Integral para la Persona Adulta Mayor de la Universidad de Costa Rica.	Sujetos: 17 Edad: 50 y 83 años Concluye: Que los efectos de participar en este tipo de actividades en aspectos biológicos, psicológicos y sociales. Entre los beneficios del baile del vientre como actividad recreativa, se presenta un sentido de libertad, apropiación corporal y reconstrucción de la identidad.

Jenkins Alvarado, María Eugenia (2011) Grado obtenido: Maestría Profesional	Efecto de la aplicación de un modelo de recreativo de intervención integral sobre la calidad de vida de una persona adulta mayor, con discapacidad sensorial.	Sujeto: Una adulta mayor con discapacidad. Concluye: Después de recibir el modelo de intervención, el sujeto presenta una mejoría sustancial, pues disminuyen los servicios terapéuticos, presenta menos miedos y menos síntomas de soledad.
Santamaría Guzmán, Keven (2014) Grado obtenido: Magister Scientiae	Efecto agudo y crónico de la práctica de exergame con el dance dance revolution (DDR) sobre el balance, atención y concentración en la persona adulta mayor.	Sujetos: 27 Edad: 63.15 ± 5.79 años Concluye: Con la práctica del exergame (DDR®) los adultos mayores mejoran significativamente la atención, la concentración y el balance dinámico, de forma crónica y aguda.

Dentro de la Escuela de Educación Física y Deportes, la asamblea de profesores especialistas en el área, como grupo de expertos, realizan en 1985 una solicitud al Consejo Universitario para que se conceptualice un cambio en el nombre de la carrera de Educación Física y Deportes a Ciencias del Movimiento Humano, considerando este nombre como un término más amplio que permite incluir la Educación Física, la educación del movimiento, la recreación, el deporte, la danza, la prevención y la rehabilitación. El Consejo Universitario de la Universidad de Costa Rica aprueba el cambio en la Sesión N° 3189 (2) del 12 de junio de 1985. El hecho de que el Programa Institucional para la Persona Adulta y Adulta Mayor esté inserto en la universidad y tenga una vinculación con la Escuela de Educación Física y Deportes, hace que el programa asuma este mismo concepto, por lo que el módulo que se encarga de llevar adelante el ejercicio físico para el adulto mayor se llama Módulo de Movimiento Humano.

En Costa Rica se generan investigaciones en el área médica que sirven de base para la toma de decisiones de realizar estudios en temas específicos; un ejemplo es la mencionada investigación de López *et al.* (2007), donde se evidencia que existe una mayor ocurrencia de caídas en mujeres que en hombres costarricenses y que además en las mujeres se da a una edad promedio menor de 60 años y en los hombres por encima de los 75 años. Está investigación arroja como recomendaciones para el adulto mayor que éste debe mantenerse activo, que debe realizar actividades como caminar, lo que va a mejorar su marcha, su equilibrio y disminuir su atrofia muscular (propia de la edad) y de esta manera va a mejorar su independencia y obtener una mejor calidad de vida.

La Escuela de Educación Física y Deportes, dentro de su programa de estudio, tiene un fuerte componente en investigación. Tomando en cuenta el cambio poblacional, investigaciones como la de López *et al.* (2007) y las recomendaciones del Colegio Americano de Medicina Deportiva, es que se plantean más investigaciones que permitan desarrollar programas acordes a las necesidades de los adultos mayores. En la tabla 3 se presentan algunas investigaciones que han sido publicadas y que han dado pautas para hablar de "prescripción del ejercicio". Muchas de las investigaciones que se realizan en el quehacer diario no se publican, sin embargo, generan conocimiento y herramientas que permiten al profesional en el área de la Educación Física y el Deporte, poder atender al adulto mayor tomando en cuenta sus características grupales e individuales, tratando de solventar cualquier situación que se le pueda presentar.

Tabla 3: Resumen de algunas investigaciones realizadas y que han sido publicadas en la revista *Pensar en Movimiento* de la Escuela de Educación Física y Deportes de la Universidad de Costa Rica, y que tienen como población a personas adultas mayores.

Autor	Título	Resumen
Campos Salazar, C., & Solano Mora, L. C. (2001).	Efecto de un programa de hidroquinesia y acondicionamiento físico en la movilidad articular de adultas mayores.	Sujetos: 73 Edad: 66.06 ± 6.77 Concluye: se recomienda la práctica de actividad física tanto en el agua como fuera de ella, pues mejora los rangos de movilidad articular en cadera a nivel global en personas adultas mayores.
Vargas, P. C., Umaña, C. B., & Rojas, W. S. (2002)	Funcionamiento cognitivo y físico en adultas mayores que participan en un programa de taekwondo.	Sujetos: 37 Edad: 58 y 77 años Concluye: La práctica del taekwondo generó importantes incrementos en el desempeño físico y cognitivo con lo cual la capacidad para desarrollar las diferentes actividades de la vida diaria de las adultas mayores participantes podría verse aumentada significativamente, por lo que se considera a esta disciplina deportiva como una provechosa alternativa para que el adulto mayor obtenga importantes beneficios en su calidad de vida.
Campos Salazar, C., & Garita, N. R. (2008)	Un programa de ejercicio contra resistencia estimula cambios positivos en la respuesta hemodinámica en adultos mayores	Sujetos: 60 Edad: 50 y 83 años Concluye: la población adulta mayor sana debe realizar un programa de actividad física constante para reducir significativamente el grado de estrés cardiovascular.

Según quedó evidenciado en los párrafos anteriores, el profesional que se gradúa de la Escuela de Educación Física y Deportes de la Universidad de Costa Rica, sale con un perfil que le capacita para trabajar con la población adulta mayor, respondiendo a las necesidades grupales e individuales que presenta este grupo etario. Si bien no existe una materia como tal en gerontología, los profesores de los cursos de la carrera de Ciencias del Movimiento Humano incluyen dentro de sus programas, trabajos y adaptaciones que se pueden realizar con poblaciones especiales y es aquí donde se enfrentan a trabajar y realizar prácticas con las personas mayores. Otra oportunidad que se les brinda a los futuros profesionales es el poder realizar prácticas con la población que se inscribe el Programa Institucional para la Persona Adulta y Adulta Mayor, recibiendo ambas partes un beneficio mutuo que se explica en el siguiente punto.

El ejercicio físico en el Programa Institucional para la Persona Adulta y Adulta Mayor

El Programa Institucional para la Persona Adulta y Adulta Mayor, de la Universidad de Costa Rica, es un programa que funciona con facilitadores de forma voluntaria. Al existir una alianza con la Escuela de Educación Física y Deportes, permite que los estudiantes avanzados de la carrera de Ciencias del Movimiento Humano puedan realizar de manera supervisada sus prácticas profesionales con grupos de estudiantes adultos mayores, que asisten al PIAM donde ponen en práctica lo aprendido y el Programa Institucional para la Persona Adulta y Adulta Mayor se asegura de brindar una oferta más amplia de cursos.

En el Programa Institucional para la Persona Adulta y Adulta Mayor los cursos se dividen por módulos, en este caso es de interés analizar el módulo de Movimiento Humano. Aquí hay una oferta educativa promedio de treinta a treinta y cinco cursos por semestre, a cargo de unos veintisiete facilitadores. Debido a la gran demanda, la población que se inscribe en este módulo asciende a un total aproximado de 1.586 personas por semestre. Por lo que se hace una valoración de oferta y demanda y se trata de brindar los cursos de acuerdo a las necesidades que se solicitan. El objetivo general de este módulo es lograr que los participantes integren en sus actividades diarias el movimiento como una práctica donde se mejoren sus capacidades físicas y psicológicas. En la tabla 4 se presenta un resumen de los cursos que se brindan.

Tabla 4: Resumen de los cursos que se brindan en el módulo de Movimiento Humano del Programa Institucional para la Persona Adulta y Adulta Mayor.

Nombre de curso	Descripción
Aeróbicos, aeróbicos bailables, ritmo y movimiento popular, baile y energía al máximo.	Estos cursos utilizan la música como medio para realizar actividad física, en éstos se atiende una mayor población que asiste solo por el placer de moverse; se orienta a los facilitadores, para que sus clases se realicen con una intensidad de baja a moderada, donde no interesan las técnicas, sin embargo, se deben realizar pequeños enlaces de movimientos para estimular además la coordinación, la reacción y la memoria.
Falun Da Fa, yoga armonía y equilibrio, hatha yoga, paneuritmia.	Se aprenden técnicas y se utiliza la música como medio de relajación.
Flamenco, tango, desarrollo de destrezas femeninas del tango y actividades folclóricas.	En estos cursos se toma en cuenta la música, pero tienen una exigencia mayor, se aprenden técnicas específicas, donde se necesita además del control corporal ejercitar el oído, pues al final terminan elaborando coreografías de una pieza musical completa.
Caminata ejercicio y salud, gimnasia psicofísica y acondicionamiento físico.	Estos cursos son un poco más exigentes en su actividad y no utilizan la música como un medio. En estos cursos se pretende preparar a los estudiantes para proyectos más específicos en sus vidas.
Esgrima, taekwondo, softbol y natación.	Los cursos de deportes. Con esgrima, los alumnos aprenden el arte de utilizar correctamente las armas blancas para combatir, en taekwondo presentan exámenes para obtener grados y cambiar de cintas, en softbol aprenden las técnicas de lanzamientos, recepción, bateo y participan en campeonatos inclusive a nivel internacional. En la natación, aprenden las técnicas de dorso y libre.

En el programa los cursos son ofrecidos muchas veces por docentes de la universidad o facilitadores; este último es un término utilizado por el programa para referirse a aquellas personas que ofrecen de manera voluntaria algunos cursos, no son profesionales graduados. En el caso del módulo de Movimiento Humano, existen docentes graduados, estudiantes avanzados y facilitadores, estos últimos personas que se iniciaron dando cursos desde que el Programa surge hace treinta y tres años y que se preparaban realizando cursos de aeróbicos. Por otra parte, hay cursos como flamenco, tango, taekwondo con facilitadores que no necesariamente son del área, pero sí formadas en estas especialidades. La coordinadora del módulo es graduada en Educación Física y Deportes, quien les brinda un acompañamiento a los facilitadores, supervisa y asesora en cuanto a intensidades de trabajo, planeamiento de clases u otra necesidad que se le presente al facilitador.

Conclusiones y recomendaciones

Se presentan muchos retos; la población costarricense está envejeciendo rápidamente, sin embargo, el país no está preparado aún para estos cambios. Como quedó evidenciado, la Universidad de Costa Rica ha sido pionera en la atención al adulto mayor y ha servido de ejemplo para que otras instituciones se unan en el esfuerzo de brindar espacios donde los adultos mayores, puedan desarrollarse y seguir cumpliendo con el objetivo de una "Una educación para toda la vida", permitiendo a esta población una mayor independencia, lo que se va a ver reflejado en una mejor calidad de vida.

Se necesita que el gobierno dé más herramientas al Consejo Nacional para la Persona Adulta Mayor. Este ente es estatal y debe velar por el bienestar y el cumplimiento de la Ley 7935 para que pueda cumplir su función. Desde este órgano deben existir políticas más claras, evidenciando la importancia que tiene el ejercicio físico para los adultos mayores, de manera que esta población se mantenga activa, lo que dará como resultado una mejor calidad de vida, menor dependencia, menos enfermedades y una descongestión de los servicios de salud. La Ley 7935 contiene referencias explícitas acerca de los derechos de las personas mayores, pero se da importancia a otros aspectos como la vivienda, el trato digno, el respeto en la atención pública, entre otros. En cuanto a la práctica de ejercicio físico, sólo se refiere al derecho a la recreación. Si existiera una mayor claridad, los hogares y centros diurnos podrían contar con una plaza que permitiera contratar a los profesionales de la Educación Física y Deportes para que desarrollen políticas y programas de motricidad con estos sujetos, sin embargo, en varios de estos centros, los ejercicios son dados por fisioterapeutas o enfermeros/as.

La Educación Física en Costa Rica destinada a los adultos mayores ha evolucionado, ahora no sólo es importante desarrollar programas de ejercicio que ayuden a mantener y mejorar las capacidades físicas y motrices del adulto mayor, se habla también de prescripción del ejercicio, porque la población adulta mayor tiene características especiales, por lo que el profesional debe preparase adecuadamente.

No se debe dejar de lado a un sector de adultos mayores que han sido activos durante toda su vida, que poseen características y condiciones diferentes, permitiéndoles tener un envejecimiento exitoso. Sin embargo, este grupo no está siendo atendido adecuadamente, pues los programas han sido desarrollados para poblaciones que son más inactivas. Este sector de la población ha sido descuidado y ellos se mantienen entrenando como cuando eran jóvenes, por los que están propensos a lesiones y otras complicaciones.

Referencias bibliográficas

Legislativa, A. (1999). Ley Integral del Adulto Mayor de Costa Rica. Ley 7935.

López, G., Chacón, K. y Rivera, A. (2007). Incidencia de fracturas de cadera en Costa Rica. *Revista Médica de Costa Rica y Centroamérica*, 125-132.

Programa Institucional para la Persona Adulta y Adulta Mayor (2017). Estadística de la población estudiantil. Universidad de Costa Rica.

Trejos Willis, A. (1985). Implicaciones psicosociales del envejecimiento de la población costarricense: el envejecimiento de nuestra población y la Universidad de Costa Rica.

— 11 —
Educación Física y adultos mayores: indicios preliminares para delimitar un campo

Santiago Peironi y Débora Paola Di Domizio
(ARGENTINA)

Situación actual de las personas mayores en el país

Según las estimaciones y proyecciones demográficas del INDEC (2013), la población total en el año 2017 fue de 44.044.811 de habitantes, y la cantidad de personas de 60 años y más ascendió a 6.695.807, lo que representa un 15% de la población total. Las mujeres conforman el grupo de mayor proporción (57% de las personas de 60 años y más), con un nivel más alto de esperanza de vida que los hombres. A medida que avanzamos en consideraciones sobre la edad, el grupo de mujeres se vuelve aún más numeroso; de allí el término de "feminización del envejecimiento" (Instituto Patria, 2017). Otra característica sobresaliente es la urbanización de los adultos mayores, ya que más del 90% reside en las ciudades, mientras los datos temporales muestran que en el proceso de envejecimiento se destaca su perfil urbano (ENCaViAM, 2012). Todas estas cifras conllevan a determinar que Argentina es uno de los países más envejecidos de la región.

En el año 2012, el Instituto Nacional de Estadística y Censos, con el asesoramiento de la Dirección Nacional de Políticas para Adultos Mayores del Ministerio de Desarrollo Social de la Nación, llevó a cabo una encuesta de alcance nacional para caracterizar las condiciones de vida de la población de 60 años y más, cuyo resultado fue la publicación de la Encuesta Nacional sobre Calidad de Vida de Adultos Mayores 2012. "El estudio permitió caracterizar a la población adulta mayor y constituye una valiosa herramienta que permite generar información oportuna y de calidad para los formuladores de políticas públicas específicas para este grupo poblacional" (ENCaViAM, 2012, p. 8). A continuación citaremos algunos datos que refleja la ENCaViAM 2012, ya que proporcionan una mirada panorámica acerca de las condiciones de los adultos mayores en Argentina.

En lo que respecta a la salud, "un 42,5% del total de las personas de 60 años y más considera que su salud es buena, y un 16,9% la percibe como muy buena o excelente, mientras que el resto la percibe como regular (34%) o mala (6,7%)" (p. 20). Además, "un 83,8% de los adultos mayores cuenta con obra social, mayoritariamente PAMI. La cobertura a través del sistema privado de salud es una situación minoritaria: un 6,8% posee mutual, prepaga y/o servicio de emergencia, o una combinatoria de más de un servicio de salud. Sólo un 8,6% no cuenta con cobertura de salud, convirtiéndose en potenciales usuarios del sistema público" (p. 21).

Respecto a las caídas, problema frecuente en edades extremas, el "32% de los adultos mayores entrevistados se cayó en los últimos dos años, y de ese total más de la mitad (56%) se cayó más de una vez. De aquellos que han tenido caídas en los dos últimos años, la mitad (49,2%) tuvo como consecuencia la fractura de algún hueso" (p. 24). Por otro lado, alrededor del "10% de los adultos mayores presenta dependencia básica para realizar sus actividades diarias" y un "91% de los adultos mayores sale habitualmente de su casa" (p. 33).

En referencia al tiempo libre, "casi 6 de cada 10 entrevistados realizó ejercicios o actividades físicas –como salir a caminar, trotar, nadar, hacer un deporte, gimnasia, yoga, baile, etc.– en los últimos tres meses, y en su inmensa mayoría la práctica es de más de una vez a la semana (78%)" (p. 41). En el mismo orden, "casi un 20% participó de algún viaje en los últimos tres meses. Alrededor de dos tercios se reúnen con amigos para charlar y tomar café; casi 1 de cada 4 adultos mayores asisten a conciertos, recitales, cine, teatro, etcétera, y/o se juntan con otras personas a jugar a las cartas, dominó, etcétera" (p. 42). Además, un "15% de la población entrevistada presta algún servicio de forma voluntaria o gratuita a una organización de la comunidad" (p. 42).

Con referencia a las redes de cuidado, uno de cada cuatro de los entrevistados cuida a algún niño del entorno familiar o cercano, sin recibir pago" (p. 44). Y en relación a las ayudas, "un 44% de los adultos mayores colabora en algún sentido con un familiar o conocido que no vive con él" (p. 45).

Los datos anteriores muestran cómo los adultos mayores en Argentina son sujetos socialmente activos, "brindan ayudas a otras personas, hacen uso pleno de su tiempo libre, trabajan y aportan al crecimiento de la economía" (p. 49), entre otras. Por lo tanto, es preciso considerar este grupo lejos de los imaginarios sociales de fragilidad e inactividad.

Por otro lado, existen a nivel nacional organismos del Estado encargados de implementar políticas específicas para los adultos mayores. Algunos de ellos son: la Dirección Nacional de Políticas para Adultos Mayores, dependiente de la Secretaría Nacional de Niñez, Adolescencia y Familia del Ministerio de Desarrollo de la Nación; el Instituto Nacional de Servicios Sociales para Jubilados y Pensionados; y la Administración Nacional de la Seguridad Social.

La Secretaría de Deporte, Educación Física y Recreación presentó el Plan Estratégico 2016-2020, con el propósito de afianzar el valor central del deporte y la Educación Física como política del Estado Argentino. Dentro de ese plan, se especifica el Proyecto Juegos Nacionales Evita para Adultos Mayores –que ya cuenta con una tradición consolidada desde gobiernos anteriores– y se expone el área de Adultos Mayores, dentro del cual se mencionan el Programa Nacional de Actividad Física y Deporte para Adultos Mayores; el Proyecto Entrenamiento y testeo de Adultos Mayores "Jubilaxion"; el Proyecto Plan Nacional de Evaluación de Adultos Mayores; y el Proyecto Jornadas de Actividad Física, Deporte y Recreación.

En otro orden, los adultos mayores argentinos se nuclean en diversos centros destinados a la vida social: clubes de abuelos, centros de jubilados, hogares de día, entre otros. Existen más de seis mil centros de jubilados repartidos por todo el territorio nacional (Instituto Patria, 2017). Estas instituciones agrupan una considerable oferta de Educación Física para los mayores, sistematizadas en prácticas corporales como la natación, los deportes adaptados, la gimnasia, entre otras.

Estudios e investigaciones que describen la Educación Física con adultos mayores en el país

Exponer sobre el estado del arte de la Educación Física argentina con adultos mayores implica delinear un horizonte factible de indagar. Partimos de considerar la Educación Física en tanto campo de estudios, profesión, área de conocimiento, disciplina, asignatura del currículum escolar, etc. En nuestro país coexisten al menos dos modos epistémicos para comprender la disciplina: unas prácticas más ligadas a la corriente higienista, mecanicista y deportivista; y otras más ligadas a la corriente psicomotriz, cuyo principal objetivo es la reeducación, la rehabilitación y la normalización. Un nuevo modelo, que podría pensarse desde los años noventa, sitúa la Educación Física más cerca de las ciencias sociales y humanas, donde el eje de discusión ya no se centra en definir su posible estatus científico, sino en el estudio de sus prácticas, sus discursos y de los sujetos que hacen al propio campo disciplinar. Esta posición se asumiría como una Educación Física Crítica.

Retomando lo planteado líneas más arriba para el desarrollo del estado del arte, en esta selección no se han tenido en cuenta aquellas producciones que ponen el foco en las actividades físicas y recreativas con adultos mayores. Por el contrario, los textos que serán comentados son aquellos que remiten a nuestro objeto de estudio: Educación Física con adultos mayores. Debido a la extensión de este trabajo, no podremos abarcar toda la producción teórica en el campo. Por tal motivo, solo vamos a tener en cuenta aquellos textos cuya producción se enmarca desde el año 2000 en adelante.

El profesor Hernández publicó en el año 2001 un trabajo de posgrado titulado "Los discursos en torno al cuerpo, la vejez y las prácticas corporales". Este escrito nos parece representativo debido al enfoque que plantea su argumentación. En el texto se caracterizan las prácticas corporales con adultos mayores, restringiendo el ámbito del análisis a aquellas mediadas por la intervención docente. También se plasman los principales discursos hegemónicos (médico y psicológico) que impregnan de sentido las significaciones de la vejez y configuran las prácticas de los profesores de Educación Física en este campo. El autor resalta la importancia de realizar un análisis crítico de conceptos tales como cuerpo, prácticas, discurso, vejez, a la vez que problematiza las relaciones entre ellos. Además, afirma que la construcción de teoría podrá ser empleada para resignificar las prácticas profesionales.

Por otro lado, en su ponencia "La tercera no es la vencida" (2004), la profesora Crespo afirma que

> es innegable que la presencia de la Educación Física ha crecido de manera considerable en los más variados círculos sociales. A su ya tradicional ubicación dentro del sistema educativo formal, se ha sumado la aparición de la disciplina o de sus egresados en otros ámbitos (no siempre educativos): el espacio de los clubes y las escuelas deportivas; el espacio de los gimnasios, los centros de salud y de belleza; el espacio de la recreación y del turismo. Pero tan importante como estos ámbitos resulta la casi constante (aunque a veces silenciosa) apuesta de la Educación Física y de sus profesores por otros grupos y sujetos que arrastran la desventaja de no ser parte de las mayorías o que fueron directamente castigados por el olvido. En esa categoría se encuentran los viejos (p. 1).

La autora propone que en la formación docente debieran ofrecerse espacios curriculares opcionales que permitan a los estudiantes de las carreras de Educación Física tomar contacto con la realidad social y profesional en la que los futuros docentes tendrán que desempeñarse.

Por otra parte, Prado, en su tesis de grado "Representaciones sociales de la vejez por parte de los profesores de Educación Física" (2008), indaga a través de entrevistas sobre el trabajo con adultos mayores y la percepción que los profesores tienen en torno a ello. Sus resultados muestran cómo los docentes, dentro del sistema escolar obligatorio, pierden perspectiva sobre otros campos de acción profesional –como lo es el trabajo con adultos mayores– y mencionan que nunca tuvieron propuestas concretas de trabajos con este grupo etario. A su vez, los entrevistados consideraron la "vejez" como una etapa positiva, aunque caracterizada por la exclusión.

Albarracín (2009), en su tesina de grado titulada "¿Qué vejez imagina la Educación Física? Un estudio del imaginario social de la vejez en los profesores en Educación Física", aborda el término "vejez" desde sus distintas concepciones históricas. Desarrolla dos teorías sobre el envejecimiento: una de carácter filosófico-sociológica y otra biologicista. Albarracín trabaja sobre el concepto de "imaginario social de la vejez", ya que indaga acerca de las representaciones que tienen los adultos mayores sobre sí mismos, así como también examina la concepción que posee el resto de la sociedad sobre este grupo etario, es decir, qué piensan los otros de los "viejos". En ese punto, el autor intenta descifrar cuáles son los parámetros valorativos que coinciden entre los profesores de Educación Física que dirigen prácticas corporales con adultos mayores, y observa en qué medida esos parámetros regulan o determinan las prácticas y los discursos profesionales.

En la tesis de maestría de Di Domizio, "Políticas públicas, prácticas corporales y representaciones sociales sobre la vejez. Un estudio de casos" (2011), se estudiaron las representaciones sociales acerca de la vejez reflejadas por el análisis de cuatro políticas públicas que contemplan prácticas corporales con adultos mayores. Di Domizio parte del supuesto de que "los encargados de formular políticas y de elaborar programas destinados a los adultos mayores, así como los profesionales que los ejecutan, lo hacen en función de ciertas creencias, mitos o imaginarios en relación con ciertos grupos etarios" (p. 23). Como conclusión, la autora da cuenta de que esas creencias responden a miradas reduccionistas sobre las políticas de deporte y salud con adultos mayores, y que no se corresponden con fundamentos ni posturas críticas, basadas en nuevos modos de entender la vejez, sino que respaldan el uso de categorías biologicistas, sin tener en cuenta procesos sociales, contextuales y culturales.

Por otra parte, Di Domizio y Borrelli (2013), en su proyecto de investigación titulado *Los contenidos de la educación física en clases de adultos mayores*, indagan sobre aquellos contenidos que estimulan la condición física de esas personas, y que son trabajados por los profesores de Educación Física en distintas clases que forman parte de programas y proyectos de carácter estatal. Las autoras observan una falta de articulación entre las actividades realizadas en las clases y las situaciones cotidianas vividas por los mayores, aunque los profesores entrevistados lo afirman discursivamente. Concluyen haciendo hincapié en la necesidad de desarrollar estudios respecto de la Educación Física con personas mayores, sosteniendo además que en la formación profesional docente debieran incluirse temáticas para trabajar con este grupo etario.

En el trabajo de Di Domizio (2015), "Educación Física con adultos mayores: algunas reflexiones desde la gerontología crítica", se identifican dos perspectivas de trabajo. En un primer momento, toma el modelo clínico tradicional basado en la involución motriz. Se refiere a este como una mirada "apresurada", argumentando que en ella se identifica un modelo basado en el aprendizaje motor, vinculado a los procesos de maduración y desarrollo físico, donde la juventud se realza como modelo y la vejez se coloca como marginal. Luego propone nuevas perspectivas sobre la práctica profesional, que se desprenden de considerar el cuerpo como máquina, hacia una práctica que considere sujetos con un cuerpo deseante, ponderando una participación proactiva de los adultos mayores. En su conclusión considera la idea de "educación permanente", ya que si la Educación Física se desprende del modelo tradicional, nuevas perspectivas aparecen en su campo laboral. Al respecto afirma: "Desde esta óptica, las prácticas de la Educación Física son una opción de educación permanente para adultos y adultos mayores que desean participar en actividades corporales y motrices, disfrutando de una vida saludable (en sentido amplio) y recreativamente activa" (p. 73).

La tesina de licenciatura de Cardozo (2016), cuyo título es "Cuerpo y envejecimiento. Sentidos y significados atribuidos por los profesores en Educación Física al propio envejecimiento corporal", consiste en un proyecto de investigación que partió de una pregunta: ¿Cuáles son los sentidos y significados que los profesores en Educación Física que se desempeñan con adultos mayores le otorgan a su propio proceso de envejecimiento corporal? Cardozo observó que las prácticas que cumplen los docentes generalmente son consideradas como herramientas clave en la lucha contra el envejecimiento y a favor de una longevidad saludable. Ellos asumen cuidados especiales con el fin de retardar los efectos físicos, mantenerse de manera autónoma y con vitalidad. Estos son los argumentos más importantes declarados por los profesores en Educación Física entrevistados.

Finalmente, debemos considerar la última publicación de Di Domizio, "La educación física y los juegos, las gimnasias y los deportes como contenidos educativos: posibilidades de intervención con adultos mayores" (2017). Considerando sus anteriores trabajos, en este último rescatamos dos prioridades propuestas en la conclusión. Por un lado, la autora propone "deconstruir ciertas categorías que 'por tradición' asocian la Educación Física únicamente con el ámbito escolar, y así poder pensar las intervenciones, más allá de los saberes sobre la niñez que nos proporciona la formación docente" (p. 293). Por otra parte, afirma que "es importante comprender y conocer un entramado de representaciones erróneas respecto de la vejez, que muchas veces obstruyen la capacidad de imaginar alternativas que apuesten por una verdadera sociedad para todas las edades" (p. 293). Con relación a lo planteado anteriormente, observamos que se reitera la necesidad de ampliar el campo de acción de la Educación Física, más allá de las edades tempranas y de la escuela tradicional: ¿Se podría pensar en una Educación Física para todas las edades e inserta en múltiples espacios culturales?

Para finalizar, si consideramos que ciertos paradigmas –como el higienista y el tecnicista– fueron constituidos para dar respuestas a problemáticas ligadas a un tiempo y espacio determinados, hoy los adultos mayores viven en un tiempo y espacio particular. ¿Sería coherente dar respuesta profesional desde viejos paradigmas? ¿Debería la Educación Física ampliar más dimensiones en su mirada profesional? Una posible respuesta a ello la encontraríamos en los postulados de la Gerontología Crítica.

Educación Física con adultos mayores en los hogares de día de la Municipalidad de Córdoba

Entendiendo la Educación Física con adultos mayores como práctica social, analizaremos el caso de los hogares de día, teniendo en cuenta algunas pautas de intervención pedagógica y didáctica propuestas por Di Domizio (2017) en "La educación física y los juegos, las gimnasias y los deportes como contenidos educativos: posibilidades de intervención con adultos mayores". El texto expone las representaciones sociales de la vejez, la postura de la disciplina desde las instituciones y la diversidad del fenómeno del envejecimiento, puntos que nos ayudarán en el análisis del caso elegido.

En primer lugar, y en cuanto a las representaciones sociales de la vejez, Di Domizio considera que deben ser desnaturalizadas, porque desde el imaginario social se alude recurrentemente a la idea de que muchos adultos mayores "son como chicos". Como se muestra en la tesis de Albarracín (2009), estos imaginarios regulan o determinan las prácticas y los discursos profesionales, por lo que un acercamiento al campo de las representaciones sociales podría ser indagar las valorizaciones en los discursos y en las prácticas que aparecen en los hogares de día.

Otro punto propuesto por Di Domizio es el de la Educación Física como institución. Con respecto a esto, se consideran las diferentes organizaciones que atienden a la población adulta mayor, como es el caso de los hogares de día. Como parte de estos espacios se pueden identificar tres perspectivas teórico-metodológicas de los programas que proponen prácticas corporales para adultos mayores. Estas perspectivas son la tradicional, la asistencialista y la socioeducativa.

Dentro de la perspectiva tradicional, encontramos ejercitaciones orientadas como actividades terapéuticas para compensar ciertos déficits en órdenes biomédicos e higienistas. Dentro de la perspectiva asistencialista, los adultos mayores son tomados como sujetos carentes de derechos, y las propuestas buscan entretener y generar contacto social; tiene como objetivo proteger una vejez considerada dependiente, infantilizada, frágil. Por último, desde la perspectiva socioeducativa, las prácticas corporales se enmarcan en el concepto de "educación permanente", entendido como un proceso continuo que se realiza durante toda la vida. Se busca que los sujetos logren autonomía para tomar conciencia y volverse activos en el medio social. Desde estas tres perspectivas desarrolladas, podremos categorizar las modalidades observadas en los hogares de día.

Por último, diversos estudios parten de que los caracteres de género, el grupo socioeconómico o la etnia a la que pertenecen los adultos mayores condicionan el transcurso de la vida y las formas en que se configura el fenómeno de la vejez. Por lo tanto, una Educación Física que se encuadre dentro de la lógica de las ciencias sociales debería tener en cuenta el concepto de "diversidad en el envejecimiento". Como expone Di Domizio (2017, p. 10), considerar la diversidad en el envejecimiento supone atravesar las estructuras jerárquicas de poder que organizan la vida social para así comprender los modos particulares de envejecer. Es por ello que no se puede comprender el envejecimiento desde categorías biologizantes, ya que intentan normalizar los cuerpos y explicar dicho fenómeno como universalmente homogéneo.

Si asumimos una postura crítica sobre la Educación Física, debemos tener en cuenta la indagación científica en el estudio de sus prácticas, sus discursos y los sujetos que hacen al propio campo disciplinar. Pero ¿qué ámbito deberíamos considerar como espacio de nuestras prácticas profesionales?

A través del desarrollo de la situación actual de las personas mayores en el país y el estado del arte de la Educación Física argentina con adultos mayores presentados en este capítulo, observamos que estos asisten en Argentina a múltiples organizaciones, en donde participan como sujetos activos. Nos referimos a los clubes, asociaciones o políticas públicas en diferentes niveles, que articulan con otras instituciones o espacios de encuentro social. Todos ellos constituyen lugares concretos, donde el profesor de Educación Física puede desenvolverse a través de sus prácticas profesionales. Estas organizaciones poseen intereses, imaginarios, estructuras de poder y prácticas corporales específicas, que se interrelacionan con la clase de Educación Física. Por lo cual podemos tomarlas en cuenta para realizar una mirada sobre las prácticas de la Educación Física con adultos mayores en nuestro país.

Teniendo en cuenta lo anteriormente dicho, vamos a considerar el caso de los hogares de día de la Municipalidad de Córdoba (provincia de

Córdoba, Argentina). Estos constituyen un programa del Departamento de Adultos Mayores y, a su vez, de la Dirección de Promoción Familiar y Lucha contra la Violencia Familiar, dependientes de dicho municipio. Son instituciones de atención diurna que brindan talleres, servicio de comedor, actividades recreativas y culturales y microemprendimientos, destinados a adultos mayores autoválidos de 60 años en adelante.

El primer hogar surgió en el año 1984, y hoy ya son un total de doce centros repartidos por toda la ciudad. En ellos trabajan profesores de Educación Física coordinados por un equipo. Además, existe una articulación con la Universidad Nacional de Córdoba, donde estudiantes del profesorado en Educación Física realizan observaciones, intervenciones, clases e informes, como parte de su formación académica.

Datos

Para la obtención de datos realizamos dos entrevistas no estructuradas. La primera, a la coordinadora del Equipo de Educación Física; y la segunda, a la supervisora profesional del Departamento de Adultos Mayores. También indagamos en los *Ejes de Trabajo* (2017), un documento interno e inédito del mismo departamento. Además, nos basamos en las observaciones de las clases de Educación Física, realizadas en los hogares de día durante el año 2017.

Los hogares de día de la Municipalidad de Córdoba son una iniciativa pionera en Sudamérica. En su momento, la idea de su creación surgió ante la preocupación por el progresivo aumento de adultos mayores en la ciudad y por la falta de espacios públicos destinados a este sector. Como mencionamos antes, los hogares dependen del Departamento de Adultos Mayores, un organismo municipal que tiene como misión "mejorar la calidad de vida de los adultos mayores de la ciudad de Córdoba, mediante la implementación de políticas públicas que incluyen programas de calidad y que fomenten la inclusión social de la persona" (*Ejes de Trabajo*, 2017, p. 1). Estos recintos municipales brindan servicios de talleres, alimentación, actividades recreativas y culturales, y microemprendimientos.

Sobre la participación, la coordinadora del Equipo de Educación Física nos comentaba que "algunas personas asisten sólo al comedor, otras sólo a los talleres y otras a ambos". También destacó que "algunas personas van al comedor con el fin de encontrarse con amigos y amigas del hogar, más allá del plato de comida, ya que en muchos casos no son personas carenciadas. En los eventos comunitarios como festejos y ferias, la participación se muestra variada: hay personas dedicadas de lleno a las actividades administrativas, como las cooperadoras o asambleas".

La supervisora profesional del departamento nos explicaba que "cuando iniciamos esto era una política asistencialista. Luego, con el paso de los años, fuimos reorientando el trabajo hacia la coparticipación de los adultos mayores". Cabe destacar la existencia de talleres propuestos y dirigidos por los mismos adultos mayores, a través de un proceso de evaluación institucional. Al respecto, en los *Ejes de trabajo* se enuncia que: "Los hogares de día no son talleres privados ni clubes; las personas que se integran a estas organizaciones acuerdan con los grupos de trabajo el asumir compromisos y responsabilidades en cuanto a su participación en la vida institucional (asambleas, eventos, actividades comunitarias, etc.)" (p. 3). Diversos talleres se brindan durante toda la jornada. "Se busca que el adulto mayor siga estando activo. Es por ello que uno de los primeros talleres fue el de Educación Física. Año a año el abanico de posibilidades se fue abriendo y se incorporó música, folklore, tango, memoria, yoga", nos comentaba la coordinadora.

Con respecto a los talleres de Educación Física, reciben la nominación de Taller de Gimnasia. "Todos los profesores que dan los talleres de Educación Física son profesores de Educación Física", resaltó la coordinadora. Los Talleres de Gimnasia se dividen en tres modalidades: gimnasia fuerte, gimnasia de mantenimiento y gimnasia suave o especial. La coordinadora entrevistada nos explicó que, en su momento, se decidió por dividirlos en estas tres modalidades, teniendo en cuenta el grado de aptitud física que poseen los adultos mayores. Para ello, se valen de test realizados al comienzo del año, donde clasifican según resultados. Además, nos contó que: "Si bien tenemos un protocolo, los test son también subjetivos; eso nos permite que el grupo trabaje de forma cómoda y que ningún adulto vaya a hacer algo que no pueda realizar".

La coordinadora se refirió a un abordaje integral. Al respecto decía que "en estos hogares se desempeñan trabajadores sociales, psicólogos, administrativos, coordinadores y docentes, entre ellos, profesores de Educación Física". Además, dejó en claro que "los adultos mayores no van solo para moverse, sino para socializar con sus pares, ya que por lo general estas personas viven solas en sus casas y la mayoría son viudos y viudas, e incluso se forman parejas de noviazgo durante la convivencia en el hogar de día".

Análisis

Tanto los testimonios de las entrevistadas como el documento *Ejes de Trabajo* muestran una clara intención hacia la coparticipación, lo que daría cuenta de un acercamiento a la consideración de las potencialidades de estas personas como sujetos activos.

Desde las perspectivas teórico-metodológicas de los programas, consideramos dos puntos de vista diversos: uno desde la clase y otro desde la institución en su conjunto. Si nos restringimos a la clase de Educación Física, se hace evidente una perspectiva entre tradicional y asistencialista.

Desde nuestra experiencia pudimos observar que las clases ponen como objetivo el trabajo de los sistemas biológicos, tales como los músculos y las articulaciones, al mismo tiempo que aparece una dimensión afectiva que incentiva a que los participantes generen vínculos sociales entre sí. Pero desde un nivel institucional, se vislumbra una perspectiva que va desde el asistencialismo hacia lo socioeducativo, ya que en una primera instancia se tiene la intención de generar un espacio de encuentro social para luego fomentar el compromiso de participar en la vida institucional.

En el caso del hogar de día, se observa una apuesta por el involucramiento activo, ya que se hace evidente una postura por ir más allá de un sujeto pasivo que solo es depositario de las políticas públicas y sociales. Ello compromete la tarea de trabajadores sociales, psicólogos, administrativos, coordinadores y profesores (*Ejes de trabajo,* 2017, p. 8) que apuestan por un abordaje integral, gracias al cual las personas mayores puedan llegar a ser autorresponsables de la vida institucional.

Consideramos que el caso de los hogares de día de la Municipalidad de Córdoba ofrece una perspectiva de trabajo de la Educación Física con adultos mayores, caracterizada por espacios institucionales que se insertan en un abordaje multidisciplinario y que apuntan a la educación permanente.

Consideraciones finales

A modo de cierre, queremos rescatar algunas ideas que hemos construido a lo largo de todo este texto. En primer lugar, se ha evidenciado cómo el adulto mayor en Argentina actúa de forma activa con su entorno, lo cual rompe con los imaginarios sociales de la vejez infantilizada, deteriorada y/o enferma. En segundo lugar, hemos recorrido una parte de los desarrollos teóricos en el campo de la Educación Física con adultos mayores en Argentina. Observamos un comienzo en el que se indagan los imaginarios y las representaciones sociales construidas tradicionalmente; en contraposición, se plantea un avance hacia una nueva perspectiva desde la Educación Física Gerontológica. Por último, identificamos un campo de prácticas en múltiples espacios de carácter público y social, tales como clubes, asociaciones, parroquias, programas y eventos políticos, entre otros.

A partir de todo el desarrollo anterior, intentamos dilucidar cómo la Educación Física argentina da respuesta actualmente al fenómeno de la vejez. Está entre nuestras preocupaciones el hecho de que se avance sobre una postura que considere la vejez como un fenómeno diverso, complejo y contemporáneo. Para lograr este objetivo, debemos poner el foco en la observación crítica de nuestras prácticas, nuestros discursos y de los actores involucrados.

Referencias bibliográficas

Albarracín, N. M. (2009). ¿Qué vejez imagina la educación física? Un estudio acerca del imaginario social de la vejez en los profesores en educación física (Tesis de grado). Universidad Nacional de La Plata, Facultad de Humanidades y Ciencias de la Educación, La Plata, Argentina.

Borrelli, B. y Di Domizio, D. (2013). *Los contenidos de la educación física en clases de adultos mayores* (En línea). Trabajo presentado en 10°. Congreso Argentino de Educación Física y Ciencias, 9 al 13 de septiembre de 2013, La Plata. Disponible en: [http://www.memoria.fahce.unlp.edu.ar/trab_eventos/ev.3245/ev.3245.pdf].

Cardozo, L. M. (2016). Sentidos y significados atribuidos por los Profesores en Educación Física al propio envejecimiento corporal (Tesis de grado). Universidad Nacional de La Plata, Facultad de Humanidades y Ciencias de la Educación, La Plata, Argentina.

Crespo, B. (2004). "La tercera no es la vencida". Artículo inédito.

Di Domizio, D. (2011). Políticas públicas, prácticas corporales y representaciones sociales sobre la vejez: un estudio de casos (Tesis de maestría). Universidad Nacional de La Plata, Facultad de Humanidades y Ciencias de la Educación, La Plata, Argentina. Disponible en: [http://www.memoria.fahce.unlp.edu.ar/tesis/te.441/te.441.pdf].

Di Domizio, D. (2015). Educación física con adultos mayores: algunas reflexiones desde la gerontología crítica. *Revista Umbral, 10*. Disponible en: [http://umbral.uprrp.edu/educacion-fisica-adultos-mayores-algunas-reflexiones-gerontologia-critica].

Di Domizio, D. (2017). La educación física y los juegos, las gimnasias y los deportes como contenidos educativos: posibilidades de intervención con adultos mayores. En S. Achucarro, N. Hernández y D. Di Domizio (Comp.), *Educación física: teorías y prácticas para los procesos de inclusión*. La Plata: Universidad Nacional de La Plata, Facultad de Humanidades y Ciencias de la Educación. (Colectiva y monográfica; 3) Disponible en: [http://www.memoria.fahce.unlp.edu.ar/libros/pm.528/pm.528.pdf].

Hernández, N. (2001). Los discursos en torno al cuerpo, la vejez y las prácticas corporales. Articulo inédito.

Instituto Nacional de Estadísticas y Censos (INDEC) (2014). *Encuesta Nacional sobre Calidad de Vida de Adultos Mayores 2012*. Recuperado de: [https://www.indec.gov.ar/ftp/cuadros/sociedad/encaviam.pdf].

Instituto Nacional de Estadísticas y Censos (INDEC) (2018). *Estimaciones y proyecciones de población 2010-2040. Total del país*. Recuperado de: [https://www.indec.gob.ar/nivel4_default.asp?id_tema_1=2&id_tema_2=24&id_tema_3=84].

Instituto Patria (2017). *Informe sobre las Personas Mayores en Argentina 2017*. Recuperado de: [http://www.institutopatria.com.ar/ptr/informe-sobre-las-personas-mayores-en-argentina-2017].

Ministerio de Educación y Deportes. Secretaría de Deporte, Educación Física y Recreación (2016). *Plan Estratégico 2016-2020*. Recuperado de: [https://www.argentina.gob.ar/sites/default/files/educacion_secretaria_deporte_plan_estrategico_2016_2020.pdf].

Municipalidad de Córdoba, Departamento de Adultos Mayores (2017). *Ejes de trabajo*. Documento de divulgación interna.

Prado, M. (2008). Representaciones Sociales de la Vejez por parte de los Profesores de Educación Física (Tesis de grado). Universidad Abierta Interamericana, Ciudad Autónoma de Buenos Aires, Argentina. Disponible en: [http://imgbiblio.vaneduc.edu.ar/fulltext/files/TC087570.pdf].

Autores

Arango Paternina, Carlos Mario (Colombia). Magíster en Ciencias de la actividad física y el deporte (UDP-Colombia). Magíster en Public Health (WU-USA). Docente e investigador asociado, Departamento de Educación Física. Carreras Licenciatura y Profesorado en Educación Física. Instituto Universitario de Educación Física. Universidad de Antioquia. Colombia.
Correo electrónico: carlos.arangop.udea.co

Bolívar Montoya, Grisell de Jesús (Venezuela). Magister en Gerencia Educativa (UPEL Maracay). Doctora en Ciencias de la Educación (UBA). Profesora Titular. Centro de Investigación Estudios en Educación Física, Deporte, Recreación y Danza. Universidad Pedagógica Experimental Libertador, Instituto Pedagógico Maracay (Venezuela).
Correo electrónico: grisellbolivar@gmail.com

Cañete Delgado, Marcela Paz (Chile). Especialista en Prescripción de Ejercicio para Adultos Mayores (CELAFISCS- SP-Brasil). Docente invitada de curso de especialización. Carrera de Educación Física y Kinesiología. Clínica Medicina - MEDS, Santiago – Chile.
Correo electrónico: pt.mcanete@gmail.com

Ceballos Gurrola, Oswaldo (México). Doctor en Ciencias de la Actividad Física y del Deporte (FCS-UNIZAR, España). Magister en Ciencias del ejercicio, con especialidad en educación física y deporte en la infancia y la adolescencia (FOD-UANL). Docente de los programas de licenciatura, maestría y doctorado de la Facultad de Organización Deportiva. Universidad Autónoma de Nuevo León. México.
Correo electrónico: oswaldo.ceballosg@uanl.mx

De Souza Lima, Josivaldo (Chile). Especialista en Prescripción de Ejercicio para Adultos Mayores (CELAFISCS- SP-Brasil). Magíster en Salud Colectiva (FCMSC-SP). Coordinador del Centro de Investigación en Fisiología del Ejercicio, Facultad de Ciencias, Universidad Mayor, Santiago - Chile.
Correo electrónico: josivaldoesporte@gmail.com

Di Domizio, Débora Paola (Argentina). Especialista en Gerontología Comunitaria e Institucional (FPs-UNMDP/MDSN). Magíster en Educación Corporal (FaHCE-UNLP). Docente en el Departamento de Educación Física. Carreras Licenciatura y Profesorado en Educación Física. Facultad de Humanidades y Ciencias de la Educación. Universidad Nacional de La Plata. Argentina.
Correo electrónico: dedido@hotmail.com

Enríquez Reyna, María Cristina (México). Magister en Ciencias de Enfermería (FAEN-UANL). Doctora en Ciencias de la Cultura Física (FOD-UANL). Docente de los programas de licenciatura y maestría de la Facultad de Organización Deportiva. Universidad Autónoma de Nuevo León. México.
Correo electrónico: maria.enriquezryn@uanl.edu.mx

González Samaniego, Maritza Esther (Panamá). Licenciada en Educación Física Universidad de Panamá. Especialista en Deporte Adaptado Universidad de Leipzig Alemania. Docente en Facultad de Educación, Licenciatura de Educación Física. Universidad Metropolitana de Educación Ciencia y Tecnología.
Correo electrónico: trabajomaritza1@gmail.com

Gutiérrez Huamaní, Oscar (Perú). Magíster en Educación Física (UNMSM). Doctor en Ciencias de la Motricidad (UNESP- Río Claro). Docente en el Departamento Académico de Educación y Ciencias Humanas. Escuela Profesional de Educación Física. Facultad de Ciencias de la Educación. Universidad Nacional de San Cristóbal de Huamanga (Perú).
Correo electrónico: gutyo1@yahoo.com

Hernández Cortés, Perla Lizeth (México). Magister en Ciencias de Enfermería (FAEN-UANL). Doctora en Ciencias de Enfermería (FAEN-UANL). Docente de la Facultad de Organización Deportiva. Universidad Autónoma de Nuevo León. México.
Correo electrónico: perla.hernandezcrt@uanl.edu.mx

López de D'Amico, Rosa (Venezuela). Magister en Educación: Enseñanza de la Literatura en Inglés (UPEL Caracas). PhD – Doctora en Filosofía – Organización Deportiva (UoS). Profesora Titular. Centro de Investigación Estudios en Educación Física, Deporte, Recreación y Danza. Universidad Pedagógica Experimental Libertador, Instituto Pedagógico Maracay (Venezuela).
Correo electrónico: rlopezdedamico@yahoo.com

Lorda Paz, Carlos Raúl (Uruguay). Diplomado en Administración para la Gestión Gerontológica (Universidad de Chile). Lic. en Educación Física (ISEF - UdelaR). Ex docente del ISEF de Montevideo (1986-2009). Presidente de la Sesión Internacional de Educación Física para la Tercera Edad en la Federation Internationale D'Education Physique (FIEP).
Correo electrónico: rlorda36@hotmail.com

Matamoros Sánchez, Maribel Rocío (Costa Rica). Lic. En Educación Física y Deportes (UCR). Coordinadora Modulo Movimiento Humano del Programa Institucional para la Persona Adulta y Adulta Mayor (PIAM) Universidad de Costa Rica. Costa Rica.
Correo electrónico: maribel.matamoros@ucr.ac.cr

Medina Rodríguez, Rosa Elena (México). Master en Marketing y Gestión Comercial (CMyDA/FCEE-unizar/es). Doctora en Ciencias Económicas y Empresariales (FCEE-unizar/es). Docente de los programas de licenciatura, maestría y doctorado de la Facultad de Organización Deportiva. Universidad Autónoma de Nuevo León. México.
Correo electrónico: rosa.medinar@uanl.mx

Mota, Nazaré Marques (Brasil). Especialista de Educação Física em Gerontologia Social. FEF- UFAM. Magister em Educação UFAM. Coordenadora administrativa do Programa Idoso Feliz Participa Sempre–Universidade na 3ª. Idade Adulta (PIFPS-U3IA-FEFF-UFAM)
Correo electrónico: nmmota@bol.com.br

Oliveira, Rita de Cássia da Silva (Brasil). Doctora en Filosofía y Ciencias de la Educación (USC-ES). Posdoctora en educación (USC-ES). Coordinadora de la Universidad Abierta para la Tercera Edad (UATI) – Universidad Estadual de Ponta Grossa - Paraná - Brasil.
Correo electrónico: soliveira13@uol.com.br

Peironi, Santiago (Argentina). Profesor de Educación Física (FES-UPC). Docente de educación física en nivel inicial y primario. Provincia de Córdoba. Argentina
Correo electrónico: santiagopeironi@gmail.com

Pérez Techachal, Emilio Octavio (Panamá). Especialista en Investigación e Innovación Pedagógica (UMECIT). Magister en Administración y Planificación Educativa (UMECIT). Vicerrector de Investigación y Postgrado. Docente en Facultad de Educación, Licenciatura de Educación Física. Universidad Metropolitana de Educación Ciencia y Tecnología.
Correo electrónico: techachal.emilio@gmail.com

Puga Barbosa, Rita Maria dos Santos (Brasil). Doutora en Educação Fisica, Área atividade fisica, adaptação e saúde, linha imagem corporal, FEF-UNICAMP. Pós-doutorado em Atividade Fisica e Saude CDS-UFSC. Coordenadora geral do Programa Idoso Feliz Participa Sempre-Universidade na 3ª Idade Adulta (PIFPS-U3IA-FEFF-UFAM).
Correo electrónico: ritapuga@yahoo.com.br

Ramírez Villada, Jhon Fredy (Colombia). Doctor en Ciencias Aplicadas a la Actividad Física y el Deporte (UCO-España). PhD en Narrativa y Ciencia (USTA-Colombia). Docente e investigador asociado, Departamento de Educación

Física. Carreras Licenciatura y Profesorado en Educación Física. Instituto Universitario de Educación Física. Universidad de Antioquia. Colombia.
Correo electrónico: jhon.ramirez3@udea.edu.co

Scortegagna, Paola Andressa (Brasil). Pedagoga - UEPG. Doutora em Educação - UEPG. Docente no Departamento de Pedagogia e no Programa de Pós-Graduação em Educação: Mestrado.
Correo electrónico: paola_scortegagna@hotmail.com

Vaz Vieira, Paula Fernanda (Brasil). Licenciada en Educación Física - UNINOVE. Profesora de la Universidad Abierta para la Tercera Edad (UATI) – Universidad Estadual de Ponta Grossa - Paraná - Brasil.
Correo electrónico: paulavazvieira@hotmail.com

Yáñez Sepúlveda, Rodrigo Alejandro (Chile). Especialista en investigación en Ciencias del Deporte (CELAFISCS- SP-Brasil). Magíster en Medicina y Ciencias del Deporte (Universidad Mayor-STGO, Chile). Docente en las Universidades Católica de Valparaíso (PUCV), Andrés Bello (UNAB), Viña del Mar (UVM), Fuerza Aérea de Chile (FACH) – Chile.
Correo electrónico: fach.efi@gmail.com

Esta edición se terminó de imprimir en agosto de 2018,
en los talleres de Bibliografika, ubicados Carlos Tejedor 2815,
Munro, Provincia de Buenos Aires, Argentina.

www.ingramcontent.com/pod-product-compliance
Lightning Source LLC
Chambersburg PA
CBHW051650040426
42446CB00009B/1070